RECETTES DE

SALADES

Saines et gourmandes

100 Recettes faciles et rapides

Pour tous les jours

Simon BOYER

©2022 S. BOYER

Simon BOYER

Table des matières

Chapitre 2 Plat Principal 71

Chapitre 3 Dessert

Introduction

Le mot « salade » possède comme beaucoup d'autres mots, plusieurs significations.

Au sens propre, il désigne à la fois un ensemble de plantes ainsi que des préparations culinaires.

Mais le mot « salade » sous-entend aussi une notion de « mélange » sans ordre apparent, si bien que le mot a également un sens figuré : une sacrée salade !

LES SALADES DES CUISINIERS

Salades : sens culinaires.

Chaque mot possède des références visuelles et, quand on parle de salade, on évoque souvent l'image d'un saladier contenant de la laitue.

Par associations d'idées, le mot « salade » désigne donc des légumes servis avec une sauce dont la plus célèbre est la sauce vinaigrette.

Les salades de carottes, de radis, de concombre etc... constituent une famille de préparations culinaires regroupées sous le terme de « crudités ».

Il existe cependant un terme qui n'a été forgé que récemment : les « cuidités ».

La consonance entre les deux mots crudités et cuidités est évidente.

Rien de bien nouveau, sauf le mot en lui-même.

Il y a bien longtemps que certaines personnes éprouvent des difficultés à manger des crudités (problèmes de dentition).

On a donc adapté la texture de certains légumes en leur faisant subir une cuisson totale ou partielle, afin de faciliter la mastication. (Exemple : carotte). Le cuisinier peut donc moduler la fermeté en jouant sur la durée de la cuisson.

On utilise également d'autres techniques.

Prenons l'exemple de la préparation d'une salade de chou rouge cru.

Pour attendrir les feuilles, on utilise quelques petits « trucs » simples.

– on les taille en julienne très fine.
– on soumet cette julienne à l'action du sel.
– on ajoute également du vinaigre (cuisson par acidité) pour renforcer l'action du sel tout en rehaussant la couleur.
Cette technique de préparation peut durer plus ou moins longtemps : quelques heures voire quelques jours.

Une fois attendrie, la julienne est rincée pour éliminer l'excès de sel avant d'être servie avec une sauce appropriée.

Crudités et cuidités jouent un rôle important dans notre alimentation. Apport de vitamines, forte teneur en eau, acidité, fonction apéritive, rôle de ballaste alimentaire, apport en fibres ...

Autres salades :

Pour rester dans les légumes, signalons la salade de pommes de terre – aussi désignée par l'expression : « pommes de terre à l'huile et au vinaigre. »
La salade de pommes de terre varie beaucoup d'une région à l'autre. Plus on va vers les pays de l'Est, plus on trouve des variétés de salades de pommes de terre : choix de sauces différentes, ajout d'autres éléments (cornichons, betteraves rouges...)

Le mot salade ou l'expression « en salade » désigne aussi un mode de préparation et/ou un mode de présentation.

Notons pour simple mémoire :

– les salades de riz.
– les salades de pâtes.
– les salades de viandes.
– les salades de charcuteries.

– les salades de produits de la famille des poissons, crustacé

– sans oublier la simple salade de fruits crus ou cuits.

Premières conclusions :

Il ne faut pas négliger les rôles des salades dans l'alimentation générale et la préparation des menus en particulier.

Signalons que dans certains pays, il est de coutume de commencer le repas par des salades, dans d'autres, les repas se terminent par la salade.

Notons également que sauf exagération, les salades à base de légumes sont peu caloriques (ne mettez donc pas une tonne de cerneaux de noix etc….). Elles permettent donc de « remplir» une partie de l'estomac qui ne pourra plus accueillir des aliments plus caloriques d'où l'importance des salades dans certains régimes.

Autre point important : la teneur en eau.

Salades et potages possèdent des rôles similaires : ils apportent une grande quantité d'eau.

LES SALADES DES JARDINIERS

Cuisiniers et jardiniers sont indubitablement liés par les lois de l'offre et de la demande.

Pourquoi produire des salades, s'il n'y avait pas de demandes ? Comment les cuisiniers pourraient-ils varier leurs réalisations, s'il n'y avait pas de nombreuses offres ?

Les mariages de raison sont souvent les plus durables.

La demande :

Elle est importante à 2 points de vue : quantitative et qualitative.

Quantitative :

L'augmentation de la consommation de salades est un phénomène relativement récent. Il est vrai que la valeur nutritive des salades n'a pas laissé de traces qu'une quelconque bataille pour la salade !

Les salades ne correspondent pas aux besoins fondamentaux de la nutrition humaine. On peut donc considérer que l'importance accordée à la « salade » est d'apparition récente.

N'empêche que l'évolution est là. Après avoir essayé de régler les problèmes en approvisionnement des produits fondamentaux, l'Homme mangeur par obligation est devenu mangeur par plaisir.

La peur de mourir par manque a fait place à la peur de mourir trop jeune par excès !

L'Homme a pris conscience du problème de sa survie face à toutes les tentations qui le guettent.

Qualitativement :

Je dirais, un sourire aux lèvres :

On ne va quand même pas manger tous les jours des frites !

C'est juste pour vous faire sourire. Celui qui a faim, n'a pas le souci de manger quotidiennement la même chose. Il mange. Il ne dit rien, car on ne parle pas la bouche pleine.

L'humoriste Jean-Marie Bigard parle dans l'un de ses sketchs, de la hantise du manque d'appétit qui est selon lui, à la base de notre besoin de nous souhaiter « bon appétit ».

Il semblerait donc que la salade soit un de ces aliments qui agrémentent l'acte nutritionnel. On a bien sûr cherché à étayer ce fait pas des raisons éminemment scientifiques.

Toujours est-il que l'on mange de plus en plus de salades ce qui entraine des conséquences logiques :

– il faut produire de la salade dans toutes les saisons.

– il faut essayer de varier les goûts, les couleurs, les formes, tout ce que l'on désigne aussi par les qualités organoleptiques.

Produites en plein air, en serre froide, on serre chaud, forcées dans des souterrains ou des caves, les salades sont présentes tout le long de l'année. On s'achemine même vers de nouvelles techniques à savoir la production de salades dans des « usines » dans lesquels des ordinateurs contrôlent tous les paramètres de production de salade sur des tissus arrosés de solutions nutritives.

Nb : à quand l'apparition de la nostalgie de la salade de pissenlit sauvage ?

L'offre est devenue très vaste :

Le printemps offre d'une part, des laitues qui ont été plantées avant l'hiver et qui en profitent pour se présenter dès les premiers beaux jours.

Viennent ensuite les mois de mai et de juin avec les laitues, les fameuses reines de mai, etc...

L'été pose quelques problèmes de résistance à la montée en graines et de résistance à la chaleur et au manque d'eau.

L'automne apporte son cortège de salades de la famille des endives scaroles...de mâches.

L'hiver est consacré au forçage de certaines espèces Witloof, barbe de capucin, rouge de Vérone...

J'aimerais évoquer en quelques mots quelques espèces possédant des particularités comme la chicorée pain de sucre.

J'ai appris à la connaître parce qu'elle est traditionnellement cultivée en Alsace où les températures hivernales passent souvent loin en dessous du zéro.

Mon père cueillait dans le jardin, des salades gelées, dures comme des briques.

Nous les faisions dégeler dans de l'eau froide avant de les tailler en lanières.

La salade retrouvait sa jeunesse et son goût.

Chapitre 1
Entrée

Salade de concombre au chèvre et olives

Préparation : 15 min   *Portions : 4* pers

INGRÉDIENTS

- basilic
- 1 concombre
- olives vertes dénoyautées, plus ou moins en fonction du goût
- 1 bûche de chèvre (ou moins, selon votre goût)
- vinaigrette

PRÉPARATION

1. Pelez et coupez le concombre en rondelles et égouttez-le.
2. Couper le fromage de chèvre en petits morceaux.
3. Une fois que vous avez vomi le concombre, mélangez le concombre, les morceaux de fromage de chèvre, les olives dénoyautées, le basilic et la vinaigrette dans un saladier.
4. Réfrigérer en attendant de manger.

Salade César

Préparation : 15 min

Cuisson : 05 min

Portions : 4 pers

INGRÉDIENTS

PRÉPARATION

Pour la sauce :

- 25 g de parmesan râpé
- 2 c.à.c de câpres
- 1/2 c.à.c de moutarde
- 1 trait de Tabasco
- citron
- 1 gousse d'ail pelée
- 15 cl d'huile
- poivre
- sel
- 1 œuf
- 25 g de Parmesan (copeaux)
- 2 c.à.s d'huile
- 2 cœurs de laitue effeuillée
- 4 tranches de pain écroûtées

1. Faire dorer le pain coupé en cubes pendant 3 minutes dans un peu d'huile.
2. Fendez les feuilles de laitue romaine dans un saladier, et ajoutez les croûtons préalablement trempés dans du papier absorbant.
3. Préparer la sauce : Cuire l'œuf 1 min 30 dans de l'eau bouillante et laisser refroidir.
4. Cassez-le dans le bol d'un batteur sur socle et mélangez-le avec tous les autres ingrédients; rectifier l'assaisonnement et ajouter à la salade.
5. Garnir de copeaux de parmesan et servir.

Salade de concombres à la crème fraîche

Préparation : 15 min

Portions : 4 pers

INGRÉDIENTS	PRÉPARATION

INGRÉDIENTS

- crème fraîche (1 petit pot)
- huile d'olive
- basilic
- poivre
- sel
- 2 concombres

PRÉPARATION

1. Pelez le concombre et coupez-le en fines tranches. Trempez-le avec du sel.
2. Mélangez 3 cuillères à soupe de crème avec 1 cuillère à soupe d'huile d'olive... Assaisonnez de sel et de poivre et ajoutez une pointe de basilic.
3. Une fois le concombre égoutté, mélangez-le à la sauce. C'est prêt

Salade d'endives des gourmands

Préparation : 15 min **Portions : 4 pers**

INGRÉDIENTS

- 4 endives
- 100 g de comté
- moutarde
- vinaigre de cidre
- crème fraîche
- poivre
- 6 tranches de bacon
- 100 g de roquefort

PRÉPARATION

1. Lavez et égouttez les endives, coupez-les en petits morceaux.
2. Réserver dans un saladier.
3. Couper le fromage bleu et le comté, ainsi que les lardons.
4. Ajouter le tout aux endives.
5. Préparez une sauce avec une cuillère à café de moutarde, 1 cuillère à soupe de vinaigre de cidre et 4 cuillères à soupe de crème fraîche, un peu de poivre.

Salade de Chèvre Chaud

Préparation : 15 min

Cuisson : 20 min

Portions : 4 pers

INGRÉDIENTS

- 200 g de lardons nature
- 4 tomates
- 2 gousses d'ail
- huile d'olive
- basilic
- 8 tranches de pain de campagne
- 4 pélardons (fromage de chèvre AOC)
- 2 salades vertes (batavia, laitue, romaine selon les goûts)
- 2 poivrons rouges

PRÉPARATION

1. Frotter les quatre tranches de pain de campagne avec la gousse d'ail. Couper les pélardons en deux dans le sens de la largeur. Déposer un demi-pélardons sur chaque tranche de pain.
2. Déposez-les sur votre plaque recouverte de papier sulfurisé puis arrosez d'huile d'olive et de basilic. Cuire 15 mn.
3. Pendant ce temps, lavez la laitue et placez deux ou trois feuilles sur chaque assiette. Lavez les tomates, coupez-les en deux et coupez chaque moitié en fines tranches. Mettez-les sur la salade.
4. Cuire le bacon à votre goût sans ajouter de matière grasse. Répartissez-les sur la salade.
5. Coupez huit lanières de poivron et faites-les cuire dans l'huile d'olive à feu très doux jusqu'à ce que le poivron soit tendre. Déposer quatre lanières de poivron par assiette.
6. Préparez la sauce pour la salade (celle que vous préférez, il y a plusieurs recettes chez Marmiton) et posez le toast de chèvre chaud sur la présentation. Parsemer de basilic ciselé.
7. Il est prêt !

Taboulé

Préparation : 1 h **Portions : 4 pers**

INGRÉDIENTS

- 2.5 tomates fermes
- 2/3 gros bouquet de persil
- 33.5 g de raisins secs
- 1.5 citron
- 4 c.à.s d'huile d'olive
- 2/3 c.à.c de sel
- poivre du moulin
- 133.5 g de boulgour (bl concassé)
- 2.5 oignons blancs
- 2/3 bouquet de menthe
- 1/3 poivron jaune

PRÉPARATION

1. Rincez le boulgour pour enlever l'amidon, égouttez-le, puis mettez-le dans un bol.
2. Versez de l'eau froide à hauteur (environ 15 cl). Laisser gonfler de 1h à 1h30. Les grains sont un peu fermes. Pendant ce temps, faire tremper les raisins secs dans un bol d'eau froide.
3. Pressez les citrons, hachez le persil et la menthe. Hachez ces herbes séparément pour obtenir un bol plein de persil et un demi-bol de menthe. Divisez les tomates en deux, retirez les pépins puis coupez-les en petits dés.
4. Ebavurez, épluchez et hachez les oignons blancs avec un peu de leur tige verte. Couper le poivron (facultatif) en petits cubes.
5. Versez le boulgour dans une passoire, laissez-le égoutter, puis pressez-le avec vos doigts pour enlever l'excès d'eau. Versez-le dans une assiette creuse et ajoutez le persil, la menthe, les tomates, le poivron, l'oignon et les raisins secs égouttés.
6. Dans un bol mettre une cuillère à café de sel, ajouter une bonne pincée de poivre, le jus de citron et l'huile d'olive. Mélanger puis verser cette vinaigrette sur le boulgour ; mélanger à nouveau laisser macérer 2 heures au réfrigérateur avant de servir.
7. Le boulgour est vendu dans les supermarchés, les rayons de semoule et les produits diététiques. Il ne faut pas le cuire ni le confondre avec les graines de couscous.

Salade de haricots verts et sa vinaigrette originale

Préparation : 10 min

Cuisson : 30 min

Portions : 4 pers

INGRÉDIENTS

- 3 c.à.s d'huile
- 1 c.à.s de vinaigre
- sel
- poivre
- 750 g de haricots verts frais équeutés (ou une grosse boîte)
- 1 échalote
- 1 c.à.c de mayonnaise
- 1 c.à.c de sauce soja

PRÉPARATION

1. Mettez les haricots verts dans une grande casserole d'eau bouillante salée et faites-les cuire environ 10 minutes. Vérifier leur cuisson en y enfonçant un couteau, égoutter et laisser refroidir.
2. Préparation de la vinaigrette : mélanger 3 cuillères à soupe d'huile, 1 cuillère à soupe de vinaigre, sel et poivre. Ajouter la mayonnaise, bien mélanger, puis ajouter la sauce soja. Bien mélanger à nouveau.
3. Mettre les haricots refroidis dans un saladier, ajouter l'échalote hachée et la vinaigrette. Bien mélanger et réserver au réfrigérateur.

Salade de cervelas

Préparation : 10 min   Portions : 4 pers

INGRÉDIENTS

- 2/3 oignon (ou 3 échalotes)
- poivre
- sel
- vinaigre
- huile
- moutarde, selon convenance
- 4 cervelas
- 2/3 œuf dur (le jaune)

PRÉPARATION

1. Retirer la peau des saucisses, les couper en deux dans le sens de la longueur. Faire une incision dans sa partie arrondie.
2. Saupoudrez-les de persil et d'oignon finement hachés et nappez-les d'une sauce vinaigrette additionnée de jaune d'œuf dur.

Oeufs d'oie en salade

Préparation : 20 min

Cuisson : 12 min

Portions : 4 pers

INGRÉDIENTS

- 200 g de comté ou autre fromage similaire
- 1 gousse d'ail
- tomates cerise pour la déco
- 2 oeufs d'oie
- salade (feuille de chêne de préférence)
- 1 tranche de pain de campagne grillée par personne
- vinaigrette
- Fines herbes

PRÉPARATION

1. Mettez les œufs d'oie dans une casserole avec de l'eau froide et faites cuire à feu vif pendant 12 à 15 minutes.
2. Égoutter et laisser refroidir. Disposez les assiettes avec un lit de salade, coupez le fromage en petits cubes et répartissez-les sur chaque assiette, frottez les tranches de pain avec l'ail, posez-les sur la salade, écalez les œufs et coupez-les en deux délicatement.
3. Déposer un demi-œuf par personne sur la tranche de pain, décorer avec les tomates cerises coupées en deux et parsemer d'herbes hachées (ciboulette, cerfeuil, etc...).
4. Arrosez le tout avec la vinaigrette.

Salade de roquette au parmesan et pignons

Préparation : 15 min

Cuisson : 20 min

Portions : 4 pers

INGRÉDIENTS

- 1 morceau de Parmesan de 50 g
- pignons ou noix à volonté
- 300 g de roquette

PRÉPARATION

1. Nettoyez la roquette. Ajouter les tranches de parmesan dans un saladier (facile à faire avec un économe). Ajouter les pignons de pin ou les noix.
2. Arroser d'une vinaigrette classique à base de vinaigre balsamique.
3. En été, vous pouvez y ajouter des tranches de melon, c'est délicieux.

Salade de tomates à l'échalote

Préparation : 10 min   **Portions : 4 pers**

INGRÉDIENTS

- 6 tomates du marché (vertes et rouges de toutes grosseurs)
- 4 c.à.s d'huile d'olive de qualité
- poivre
- sel
- 2 échalotes
- ciboulette fraîche

PRÉPARATION

1. Couper les tomates en rondelles dans un saladier pour récupérer leur jus.
2. Ciselez les échalotes et ajoutez-les à la salade.
3. Assaisonnez avec de l'huile d'olive, du sel, du poivre et de la ciboulette finement ciselée.
4. Laisser reposer, recouvert d'un torchon propre, avant de servir (1/2 heure - 1 heure), EN PLEIN AIR !!! surtout pas au frigo !
5. Servir avec un bon pain pour pouvoir saucer !!
6. Offrez-vous!

Salade de lentilles au saumon fumé

Préparation : 10 min

Cuisson : 05 min

Portions : 4 pers

INGRÉDIENTS

- 1 c.à.s de moutarde
- 3 c.à.s d'huile de tournesol
- 1 c.à.s de vinaigre de framboise
- 1 kg de lentilles en conserve
- 2 échalotes grises
- 4 tranches de saumon fumé
- ciboulette

PRÉPARATION

1. Lavez les lentilles et égouttez-les. Faites-les chauffer quelques minutes au micro-ondes (elles doivent être tièdes).
2. Préparez une vinaigrette avec de la moutarde blanche, de l'huile de tournesol et du vinaigre de framboise (indispensable) !
3. Pelez et émincez les échalotes grises.
4. Verser la sauce sur les lentilles encore chaudes, avec les échalotes. Disposez sur des assiettes.
5. Couper les tranches de saumon en lanières.
6. Disposez les lanières de saumon sur chaque assiette, avec quelques brins de ciboulette.

Salade de tomates à la mozzarella

Préparation : 10 min

Portions : 4 pers

INGRÉDIENTS

- 4 tomates
- 1 bouquet de basilic
- 2 c.à.s de vinaigre balsamique
- 5 c.à.s d'huile d'olive
- 1 oignon
- poivre
- sel
- 400 g de mozzarella di buffala

PRÉPARATION

1. Laver le basilic et réserver. Couper la mozzarella en fines tranches. Couper les tomates en lanières.
2. Pelez, puis hachez l'oignon.
3. Ciselez le basilic et réservez.
4. Mettre dans un saladier, poivre, sel, vinaigre balsamique, puis mélanger ; ajouter l'huile d'olive.
5. Ajouter la mozzarella, le basilic et les tomates dans le saladier.

Salade de radis roses

Préparation : 30 min   Portions : 4 pers

INGRÉDIENTS

- 2 bottes de radis roses
- 200 g de gruyère ou de comté

PRÉPARATION

1. Brossez et lavez les radis, puis coupez-les en rondelles.
2. Couper le Gruyère en petits cubes.
3. Placer les deux dans une assiette et ajouter une vinaigrette bien assaisonnée.

Frisée aux lardons

Préparation : 10 min

Cuisson : 10 min

Portions : 4 pers

INGRÉDIENTS

- vinaigre de framboise
- 15 cl de crème fraîche
- lardons (+/- 300 g)
- 1 pomme
- 1 frisée
- 2 échalotes
- margarine
- miel liquide d'acacia
- croûtons

PRÉPARATION

1. Faire revenir les échalotes dans la margarine jusqu'à ce qu'elles soient dorées.
2. Ajouter ensuite les lardons, cuire jusqu'à ce qu'ils soient bien dorés.
3. Ajouter une petite tasse d'eau.
4. Ajouter 2 à 3 cuillères à soupe de vinaigre.
5. Puis crème fraîche.
6. Lier avec du miel.
7. Préparez sur une assiette :
8. Un peu bouclé.
9. Pommes coupées en dés.
10. Quelques croûtons.
11. Versez la préparation dessus !

Salade kale aux cranberries et feta

Préparation : 15 min

Portions : 4 pers

INGRÉDIENTS

- 2 tomates
- 50 g d'amandes effilées
- 1 c.à.s de moutarde
- 1 c.à.s de vinaigre balsamique
- 3 c.à.s d'huile d'olive
- sel
- poivre
- 300 g de kale
- 2 avocats
- 50 g de cranberries
- 50 g de feta

PRÉPARATION

1. Préparer la vinaigrette dans le saladier : émulsionner l'huile avec le vinaigre, la moutarde, sel et poivre.
2. Couper le chou très fin ou même le hacher. Mettre la vinaigrette.
3. Ajouter les tomates en dés, les petits avocats tranchés, les canneberges, le fromage feta et les amandes. La salade est meilleure lorsqu'elle est marinée dans la vinaigrette pendant 30 minutes. Il peut également être préparé la veille pour le lendemain. Délicieux !

Salade Tunisienne cuite (mechouia)

Préparation : 1 h
Cuisson : 20 min

Portions : 4 pers

INGRÉDIENTS

- 4 tomates
- 1 oignon
- 4 gousses d'ail
- 4 c.à.s d'huile d'olive
- sel
- 2 poivrons verts
- 2 poivrons rouges
- 2 piments verts (selon leur force)
- 2 oeufs durs
- 1 boîte de thon en miette

PRÉPARATION

1. Rôtir tous les légumes et l'ail au four en position gril. Retournez-les au fur et à mesure pour qu'ils soient bien grillés de toutes parts. C'est l'astuce : lorsqu'ils sont bien torréfiés, mettez-les dans un sac plastique et laissez-les refroidir pour les peler très facilement. Retirez bien les graines.
2. Couper tous les ingrédients en très petits dés (hachoir, couteau). Mettez le tout dans une assiette, mélangez l'huile, le sel. Coupez enfin vos œufs durs et émiettez le thon dessus.

Salade de carottes râpées aux amandes et au thon

Préparation : 30 min

Portions : 4 pers

INGRÉDIENTS

PRÉPARATION

- 5 carottes
- 1 citron
- 150 g d'amandes entières
- 2 c.à.s de coriandre hachée
- 2 gousses d'ail
- poivre
- sel
- huile d'olive
- 1 boîte de thon

1. Râper les carottes, ajouter le thon finement haché, les amandes, la coriandre et l'ail, un filet d'huile d'olive, saler et poivrer.

Salade de pâtes, jambon cru, mimolette

Préparation : 15 min
Cuisson : 08 min

Portions : 4 pers

INGRÉDIENTS

- 1.5 tomate fermes ou tomates séchées hors saison
- basilic
- huile olive
- moutarde,
- vinaigre balsamique (important pour le goût)
- ½ paquet de coquillettes de couleur
- 3 tranches de jambon cru Serrano, en tranches fines
- ½ tranche de mimolette

PRÉPARATION

1. Cuire les pâtes « al dente » et rincer à l'eau froide.
2. Couper la mimolette en cubes et le jambon en lanières épaisses.
3. Réalisez une sauce "légère" avec une cuillère à soupe de moutarde, d'huile d'olive, de vinaigre balsamique, de sel et de poivre.
4. Bien mélanger la sauce avec les pâtes et le fromage.
5. Ajouter le jambon et remuer légèrement.
6. Disposer dessus avant de servir et décorer les tomates coupées en 4 et le basilic.

Salade de tomate et feta

Préparation : 10 min

Portions : 4 pers

INGRÉDIENTS

- 4 tomates en grappe
- poivre
- herbes de Provence
- anis
- huile d'olive
- 1 citron (jus)
- 1 échalote
- 2 tranches de jambon (ou d'épaule)
- 200 g de feta

PRÉPARATION

1. Couper les tomates en quartiers.
2. Ajoutez une échalote hachée grossièrement (vous pouvez remplacer un oignon émincé, mais c'est plus fort).
3. Couper les tranches de jambon en petits carrés.
4. Ajouter la feta en petits cubes. Saupoudrez de poivre, d'herbes de Provence et d'anis.
5. Versez l'huile d'olive et le jus de citron, puis mélangez, c'est fait !
6. Selon les goûts, vous pouvez également ajouter des olives vertes ou noires.

Salade de poulpes

Préparation : 20 min
Cuisson : 15 min

Portions : 4 pers

INGRÉDIENTS

- 1.5 c.à.s de câpres
- 2.5 gousses d'ail finement hachées
- 2.5 c.à.s d'huile d'olive
- 2 c.à.s de jus de citron jaune
- 2/3 verre de vinaigre de vin
- 2/3 bouquet de persil
- 2.5 tomates
- poivre du moulin
- sel
- cumin
- harissa
- 2/3 poulpe de 1 kg
- 2/3 poivron vert
- 2/3 salade frisée

PRÉPARATION

1. Nettoyez la pieuvre en enlevant le bec, les yeux et les sacs. tomates en dés et poivrons. couper la laitue en petits morceaux.
2. Cuire le poulpe 15 minutes dans une cocotte-minute avec 1/2 verre de vinaigre. S'il gèle, il sera plus tendre.
3. Laisser refroidir dans le moule sans l'ouvrir.
4. Couper le poulpe en morceaux d'environ 1 cm.
5. Disposer les morceaux sur des assiettes de service, ajouter l'ail haché, le persil, le jus de citron, l'huile d'olive, le poivre et le sel.
6. Saupoudrer de cumin et ajouter l'harissa. Mélangez le tout.
7. Ajouter les tomates, les poivrons et la laitue. Mélanger.
8. Mettre au réfrigérateur au moins 30 minutes avant de servir.

Salade de fenouil à l'orange

Préparation : 10 min　　　　　　　　**Portions : 4 pers**

INGRÉDIENTS

- 1 orange
- aneth
- 5 cl de vinaigre de cidre
- 5 cl d'huile d'olive
- 2 fenouils
- 1 c.à.c de moutarde à l'ancienne

PRÉPARATION

1. Nettoyez le fenouil, retirez les parties vertes et hachez-le très finement dans un saladier.
2. Préparez la vinaigrette avec le vinaigre de cidre, la moutarde, le jus d'orange, le sel et le poivre.
3. Arroser de fenouil et saupoudrer d'aneth ciselé.
4. Pour les "gourmands", vous pouvez ajouter une deuxième orange que vous éplucherez crue et que vous couperez en petits morceaux.
5. Pour les gourmands... c'est encore meilleur le lendemain après une nuit au frigo.

Salade d'aubergines

Préparation : 30 min

Cuisson : 15 min

Portions : 4 pers

INGRÉDIENTS

- 4 aubergines
- citron
- huile d'olive
- poivre
- sel
- 1 échalote
- menthe fraîche ciselée
- 1 yaourt nature

PRÉPARATION

1. Coupez les aubergines en cubes et faites-les cuire à la vapeur.
2. Une fois cuit et refroidi, mélanger le reste des ingrédients avec l'aubergine.
3. Servir très frais et déguster !

Salade pommes et feta

Préparation : 10 min

Portions : 4 pers

INGRÉDIENTS

- 2 pommes (Granny Smith)
- moutarde
- vinaigre
- huile
- poivre
- sel
- 1 c.à.c de pesto
- 200 g de feta nature
- pousses d'épinards
- maïs vous pouvez opter pour de la mâche ou du mesclun
- vinaigrette

PRÉPARATION

1. Préparez une vinaigrette. ajouter le pesto
2. Pelez les pommes et coupez-les en cubes.
3. Incorporer immédiatement à la vinaigrette pour éviter le brunissement.
4. Ajouter le fromage feta en cubes et les feuilles de laitue. Il ne vous reste plus qu'à profiter !

Salade tropicale de crevettes à l'ananas et à la coriandre

Préparation : 20 min

Portions : 4 pers

INGRÉDIENTS

Pour la sauce :

- 1 c.à.s de jus de citron pressé
- 3/4 c.à.s d'huile d'olive
- 3/4 c.à.c de sel
- 1/3 c.à.c de poivre noir fraîchement moulu
- 1.5 c.à.s de jus d'orange
- 3/4 oignon
- 1/3 piment épépiné
- 3/4 branche de coriandre fraîche
- 160 g de crevettes décortiquées (ou 1 kg entières)
- 1/4 concombre
- 1/4 ananas frais
- 1/3 poivron rouge
- 3/4 avocat

PRÉPARATION

1. Pelez et évidez le concombre. Enlevez la peau de l'ananas et retirez le cœur. Couper l'ananas, le poivron et le concombre en petits cubes.
2. Couper l'oignon en lanières et hacher finement le piment.
3. Mélanger le tout dans une casserole, avec les crevettes. Mettre au réfrigérateur.
4. Mélanger les ingrédients de la sauce. Pelez et dénoyautez les avocats. Coupez-les en gros dés. Couper les feuilles de coriandre en petites lanières.
5. Mélanger avec le mélange de crevettes. Ajouter la sauce et verser dans des verres !

Salade melon, feta, jambon

Préparation : 15 min

Portions : 4 pers

INGRÉDIENTS

- 4 c.à.s de jus de citron
- 4 c.à.s d'huile d'olive
- 1 c.à.c de thym
- poivre du moulin
- sel
- 2 c.à.s d'eau pour une sauce allégée
- 1 cœur de salade (feuille de chêne)
- 1 melon moyen
- 200 g de feta
- 4 tranches de jambon cru

PRÉPARATION

1. Pelez le melon et coupez la pulpe en petits cubes.
2. Couper les tranches de jambon cru en fines lanières.
3. Couper la feta en cubes.
4. Pour la sauce : verser le jus de citron dans un bol, assaisonner de sel et de poivre (diluer avec de l'eau si désiré) ; bien mélanger.
5. Ajouter l'huile d'olive, mélanger vigoureusement jusqu'à obtenir une bonne émulsion et ajouter le thym.
6. Placer la laitue, le melon, le jambon, le fromage feta et la sauce dans un saladier et mélanger juste avant de servir.

Salade des billes de melons

Préparation : 15 min   Portions : 4 pers

INGRÉDIENTS

- 3 c.à.s d'huile d'olive
- sel
- poivre
- 1 melon
- 1 pastèque
- 1 melon Gallia
- 1 melon d'eau vert
- de menthe
- 1 citron vert

PRÉPARATION

1. Couper les melons et la pastèque en deux.
2. Désossez-les puis formez des boules en retirant la pulpe à l'aide d'une spatule ou, à défaut, en petits cubes.
3. Arroser les boules de jus de citron et d'huile d'olive. Sel et poivre
4. ajouter la menthe
5. Servir froid

Salade de poivrons grillés à la feta

Préparation : 30 min

Cuisson : 15 min

Portions : 4 pers

INGRÉDIENTS

- 1.5 gousse d'ail
- huile
- vinaigre balsamique
- 2.5 poivrons rouges
- 200 g de feta (de brebis/chèvre, attention !)
- 1.5 bouquet de menthe ou de basilic
- 13.5 olives noires

PRÉPARATION

1. Lavez les poivrons et séchez-les bien en les laissant entiers.
2. Allumez le gril du four. Lorsque la grille est rouge, placez les poivrons dessous et, lorsque leur peau devient noire et craquelée, retournez-les. Cela devrait prendre une dizaine de minutes.
3. Retirer du four et placer dans un sac en papier réformable (ou un saladier couvert); attendez qu'ils refroidissent.
4. Retirez la peau, cela devrait être facile, elle s'est détachée grâce à la condensation), et retirez les graines à l'intérieur. Coupez-les en lanières dans un saladier.
5. Au goût, huilez, mais pas trop, le jus des poivrons grillés est déjà assez épais et abondant ; et vinaigre balsamique.
6. Coupez le bouquet d'herbes en lanières et ajoutez-les aux poivrons.
7. Laisser reposer 45 min.
8. Servir en ajoutant du fromage feta en cubes et des olives noires avec du pain de campagne grillé.

Salade de calamars

Préparation : 15 min
Cuisson : 1 h

Portions : 4 pers

INGRÉDIENTS

- vinaigre balsamique
- 1/4 tasse de raisins secs
- huile d'olive
- 2/3 tasse de vin blanc sec
- 1/4 tasse de persil haché
- pignons, selon le goût
- 400 g de calamar
- oignon rouge émincé
- 2.5 tomates pelées, épépinées et hachée
- 2/3 pointe de couteau de paprika et de piment en poudre

PRÉPARATION

1. Faire tremper les raisins secs dans 2 cuillères à soupe de vinaigre balsamique pendant 30 minutes, puis égoutter.
2. Coupez le corps des encornets en morceaux d'environ 5 x 5 cm et placez-les dans un plat à gratin. Ajouter un peu d'huile d'olive, le vin, les tomates et cuire 1 heure à four couvert.
3. Lorsqu'il n'y a pas de résistance en piquant la viande avec la pointe d'un couteau, c'est cuit !
4. Ajouter le persil, les raisins secs, le paprika, le piment et les pignons de pin. Salez et poivrez, ajoutez 1 cuillère à soupe de vinaigre balsamique (ou plus selon vos goûts).

Salade savoyarde

Préparation : 15 min   **Portions : 4 pers**

INGRÉDIENTS

- 4 tomates
- 4 pommes de terre
- 25 g de pignons
- 1 salade "feuille de chêne"
- 4 champignons frais
- 4 tranches de jambon (cuit ou cru)
- 25 g de croûtons
- 200 g de fromage à raclette

PRÉPARATION

1. Lavez la laitue, coupez-la en tranches puis répartissez-la dans les assiettes.
2. Coupez le jambon, les champignons en morceaux; et des pommes de terre bouillies en tranches plus ou moins fines ; étaler sur la salade.
3. Couper les tomates en tranches et les répartir sur la salade.
4. Saupoudrer de pignons de pin et de croûtons; station.
5. Faire légèrement fondre la raclette à part.
6. Il est prêt !!

Salade de légumes grillés

Préparation : 05 min

Portions : 4 pers

Cuisson : 30 min

INGRÉDIENTS

- 1.5 aubergine
- 2.5 courgettes longues (moyennes)
- 1.5 gousse d'ail
- 6.5 cl d'huile d'olive fruitée
- 2 c.à.s de vinaigre balsamique
- 2/3 pincée de sel fi (pas obligatoire)
- 2/3 poivron rouge (ou jaune)

PRÉPARATION

1. Passez les gousses d'ail dans un presse-ail ou écrasez-les jusqu'à obtenir une purée.
2. les ajouter à l'huile d'olive dans un bol.
3. Ajouter le vinaigre balsamique et réserver.
4. Couper les aubergines en tranches fines (2 à 3 mm).
5. Coupez les courgettes de la même façon, mais si possible en tranches plus fines que l'aubergine.
6. Coupez les poivrons en quatre et retirez les graines et les parties blanches.
7. Passer les poivrons au four "grill", pour pouvoir enlever la peau.
8. Une fois épluchés, coupez-les en fines lanières et réservez.
9. Dans une poêle anti-adhésive, sans matière grasse, faites rôtir chaque "tranche" d'aubergines et de courgettes, d'un seul côté.
10. Les "tranches" doivent avoir quelques points de grill, pour être prêtes (ce qui prend 3-4 min par poêle).
11. Pendant la cuisson des aubergines et des courgettes : disposez-les en couches successives dans le plat de service en les alternant avec quelques lamelles de poivron et quelques traits du mélange huile/ail/vinaigre.
12. Terminez en versant le reste du mélange huile-ail-vinaigre (le cas échéant). C'est mieux si les légumes ne sont pas "noyés" !
13. Servir aussitôt, avec un bon pain grillé (les légumes sont croustillants !).

Salade de cresson vitaminée

Préparation : 15 min   **Portions : 4 pers**

INGRÉDIENTS

- 2 oranges
- noix
- tomates cerise
- huile d'olive
- poivre
- sel
- 1 botte de cresson
- 1 pamplemousse
- 20 fines tranches de Magret de canard fumé
- 1 belle tranche de bleu (type bleu des Causses ou St Agur)

PRÉPARATION

1. Répartir la salade de cresson dans de grandes assiettes. Pelez les agrumes crus en récupérant le jus.
2. Disposer les tranches d'agrumes, les dés de fromage, le magret de canard, les noix et les tomates cerises sur la salade.
3. Faire une sauce avec le jus d'agrumes, l'huile d'olive, le sel et le poivre fraîchement moulu.
4. Répartir sur la préparation et servir aussitôt.

Salade d'avocat au citron vert

Préparation : 10 min   Portions : 4 pers

INGRÉDIENTS

- huile
- vinaigre balsamique
- poivre
- sel
- 2 avocats
- 8 feuilles de salade
- sorbet au citron vert

PRÉPARATION

1. Lavez les feuilles de laitue, égouttez-les et réservez-les.
2. Pelez les avocats, coupez-les en 8 tranches et arrosez-les d'un trait de jus de citron pour éviter qu'ils ne noircissent. les réserver.
3. Préparez une vinaigrette légère avec 1 cuillère à soupe de vinaigre, 2 cuillères à soupe d'huile, une pincée de sel et une pincée de poivre.
4. Dans chaque assiette, déposer 2 feuilles de laitue grossièrement hachées, arroser de vinaigrette, poser dessus 4 tranches d'avocat, ajouter une cuillerée de sorbet citron vert au centre. Sers immédiatement.

Salade de chèvre et poires caramélisées

Préparation : 05 min

Cuisson : 05 min

Portions : 4 pers

INGRÉDIENTS

- 2 noisettes de beurre
- 4 bonnes cuillères de miel
- 4 crottins de chèvre
- 2 poires
- salade

PRÉPARATION

1. Pelez et coupez la poire en tranches.
2. Placez vos déjections sous la grille de votre four jusqu'à ce qu'elles commencent à ramollir.
3. Pendant ce temps, faites fondre le beurre dans une poêle, faites revenir les poires 1 minute, puis ajoutez le miel.
4. Une fois les fientes cuites, placez-les sur un lit de salade, ajoutez les poires et versez le jus restant sur vos fientes.

Salade tiède de poivrons au cumin

Préparation : 05 min
Cuisson : 20 min

Portions : 4 pers

INGRÉDIENTS

- 3 poivrons (1 rouge, 1 vert et 1 jaune)
- 4 tomates
- 2 oignons violets
- huile d'olive
- 2 c.à.s de sucre en poudre
- 2 c.à.c de cumin
- 5 c.à.s de vinaigre de vin

PRÉPARATION

1. Faire revenir les poivrons, préalablement vidés de leurs pépins et coupés en lanières d'environ 4 cm, dans de l'huile d'olive.
2. Lorsque les poivrons commencent à ramollir, ajouter les oignons émincés et saupoudrer de sucre. Lorsque les oignons sont transparents, ajoutez les tomates en quartiers et laissez cuire cinq minutes, pas plus, sinon ils seront trop mous.
3. Mélanger le cumin avec le vinaigre dans un bol et ajouter le mélange aux légumes. Verser le mélange dans un bol et laisser refroidir à température ambiante pendant environ 20 minutes.

Salade de pois gourmands à l'œuf

Préparation : 15 min

Cuisson : 10 min

Portions : 4 pers

INGRÉDIENTS

- 2 tomates
- 100 g de Parmesan
- 2 citrons
- 2 c.à.s de crème fraîche
- vinaigre
- poivre et baies roses
- sel
- 600 g de pois gourmands
- 4 oeufs
- ciboulette
- 2 c.à.s de moutarde à l'ancienne

PRÉPARATION

1. Préparation des pois gourmands : équeutez-les, lavez-les, plongez-les dans de l'eau bouillante salée pendant 5 à 7 minutes, passez-les dans de l'eau froide, égouttez-les et disposez-les sur les deux assiettes.
2. Cuire les œufs : faire bouillir de l'eau avec un peu de vinaigre. Cassez les œufs un à un et placez-les dans l'eau bouillante. Pour des œufs un peu mous, comptez 2-3 minutes de cuisson, puis retirez-les de l'eau à l'aide d'une écumoire, placez-les sur les petits pois.
3. Pour décorer, coupez des lanières de parmesan, coupez la tomate en cubes (sans le jus ni les pépins), disposez le tout dans l'assiette comme vous le souhaitez.
4. Sauce : presser le citron et mélanger le jus avec la moutarde (+ ou - moutarde selon votre goût) saler, poivrer, ajouter la crème et bien mélanger.
5. Il ne vous reste plus qu'à ajouter la sauce et quelques brins de ciboulette à vos plats et le tour est joué... Régalez-vous !

Salade de thon à la banane (Tahiti)

Préparation : 15 min

Portions : 4 pers

INGRÉDIENTS

- 2 bananes à peine mûres
- 66.5 g de riz
- crème fraîche (selon le goût)
- curry (selon le goût)
- poivre
- sel
- huile et vinaigre
- 2/3 boîte de thon nature
- 2/3 boîte de thon nature
- 200 g de thon germon cuit
- 1.5 poivron rouge

PRÉPARATION

1. Cuire le riz (mais attention, il doit être ferme). Laissez refroidir.
2. Effilocher le thon. Couper les poivrons en petits cubes et les bananes en rondelles.
3. Mélangez le tout et versez la sauce composée d'une grosse cuillère à soupe de crème, une pincée de sel et de poivre, 5 cuillères à soupe d'huile et 2 de vinaigre.
4. Saupoudrer de curry.
5. Servir très frais.

Salade de pommes de terre épicée

Préparation : 10 min

Cuisson : 20 min

Portions : 4 pers

INGRÉDIENTS

- 500 g de pomme de terre roseval
- 3 c.à.s d'huile d'olive
- citron
- 3 c.à.s de sésame
- poivre
- sel
- 1 cuillère de café de paprika
- 1 cuillère de café de cumin
- 1 cuillère de café de paprika
- 1 cuillère de café de cumin
- 1 cuillère de café de coriandre moulue

PRÉPARATION

1. Couper les pommes de terre bouillies en petits cubes.
2. Mélanger toutes les épices avec l'huile d'olive et le jus de citron et ajouter les pommes de terre. Bien remuer et laisser reposer un peu.
3. Faire griller à sec les graines de sésame (attention ça part très vite !).
4. Mélanger avec la salade, puis servir.

Salade tahitienne

Préparation : 15 min   Portions : 4 pers

INGRÉDIENTS

- 2 carottes
- 1 oignon
- gingembre râpé
- 3 tranches de thon blanc
- 4 citrons verts
- 200 ml de lait de coco
- 1 concombre

PRÉPARATION

1. Couper les tranches de thon en petits morceaux (les congeler au préalable est plus facile).
2. Faites-les mariner dans du jus de citron.
3. Une fois le poisson "cuit", retirer si nécessaire l'excédent de citron, ajouter le lait de coco et la julienne de légumes. Assaisonner de gingembre. .
4. Servir frais.

Salade Monsieur Seguin

Préparation : 20 min

Portions : 4 pers

INGRÉDIENTS

- 20 raisins secs
- 20 cerneaux de noix
- 1 petit bocal de tomates marinées
- huile d'olive
- vinaigre de noix
- 1 batavia
- 8 chèvres fraîches
- 1/2 baguette de pains (pour les croûtons)
- 4 tranches de jambon cru

PRÉPARATION

1. Préparez la salade, et mettez 3 ou 4 feuilles sur 4 assiettes.
2. Coupez la baguette en 8 tranches fines, faites-les griller pour faire des croûtons.
3. Verser immédiatement le fromage de chèvre sur ces croûtons pour les ramollir.
4. En déposer deux sur chaque assiette ainsi qu'une tranche de jambon cru par assiette coupée en petits morceaux.
5. Ajouter quelques tomates séchées marinées, saupoudrer de 5 noix et de raisins secs.
6. Assaisonner la salade avec un filet d'huile d'olive et un filet de vinaigre de noix.

Salade d'endives et magrets de canards

Préparation : 15 min

Portions : 4 pers

INGRÉDIENTS

Pour la vinaigrette (pas obligatoire) :

- 1 c.à.c de moutarde
- 1 c.à.c de vinaigre balsamique
- 3 c.à.s d'huile d'olive
- poivre
- sel
- 6 endives
- 3 pommes
- 50 g de comté
- 1 citron
- 50 g de noix
- 1 paquet de Magret de canard fumé

PRÉPARATION

1. Couper les endives en deux, dans le sens de la longueur.
2. Retirer le cœur avec un couteau (pour éviter le goût amer des endives). Couper les tranches pas trop fines, dans le sens de la largeur.
3. Mettez-les dans un saladier avec 2 pommes coupées en dés (en garder un pour la décoration).
4. Arrosez les endives et les pommes de jus de citron.
5. Ajouter le Comté coupé en petits cubes.
6. Ajouter les noix.
7. Mélangez le tout.
8. Dégraisser les magrets de canard.
9. Disposez les magrets de canard et les quartiers de pommes restants sur le dessus du saladier (de manière décorative).
10. Vous pouvez préparer une vinaigrette à côté :
11. Huile d'olive, vinaigre balsamique, moutarde, sel et poivre.
12. Servez, c'est prêt !

Salade de poulet pamplemousse et avocat

Préparation : 15 min

Portions : 4 pers

INGRÉDIENTS

- huile d'olive
- vinaigre balsamique
- poivre
- sel
- 300 g de poulet grillé
- 2 avocats
- 2 pamplemousses roses
- 1 barquette de mâche

PRÉPARATION

1. Coupez les filets de poulet en petits morceaux, faites-les bien dorer dans le beurre de la poêle. Laisser refroidir.
2. Dans un saladier, mettre la mâche, les avocats hachés, la pulpe de pamplemousse (les vider avec une cuillère à café), puis les morceaux de poulet.
3. Faire une vinaigrette avec l'huile, le vinaigre balsamique, le sel et le poivre et verser sur la salade.
4. Servir froid.

Salade sucrée-salée, croquante-tendre du Roi Soleil

Préparation : 20 min   **Portions : 4 pers**

INGRÉDIENTS

Pour la sauce :
- 2 c.à.s de miel
- vinaigre balsamique
- huile d'olive
- poivre au goût
- sel
- mélange 5 baies '
- 1 poignée d'amandes effilées
- jeunes pousses d'épinards et du mesclun
- 1 bûche de chèvre
- 2 poires fermes et croquantes (mais quand même mûres...)
- baies roses

PRÉPARATION

1. Lavez les jeunes pousses et le mesclun, étalez-les sur une assiette aux bords légèrement relevés (c'est plus joli que dans un saladier !).
2. Pelez les poires, coupez-les en lanières ou en dés irréguliers et disposez-les dessus.
3. Couper le rouleau de chèvre en petits morceaux et les répartir sur la salade.
4. Saupoudrer d'amandes effilées préalablement grillées à la poêle (attention, ça brûle vite, vite...).
5. Concasser grossièrement les grains de poivre rose et saupoudrer sur la salade.
6. La sauce : mélanger les ingrédients ensemble et bien mélanger, puis servir à côté pour ne pas "cuire" la salade.

Salade Feta Raisins

Préparation : 10 min   **Portions : 4 pers**

INGRÉDIENTS

- 2.5 tomates
- 16.5 g de raisins secs
- 2/3 boîte de maïs en grains
- 2/3 salade feuille de chêne rouge
- 2/3 bocal de feta aux herbes de Provence
- 1.5 avocat
- 3.5 cl de vinaigrette

PRÉPARATION

1. Coupez les tomates, les avocats en petits morceaux. Lavez la salade et préparez-la.
2. Mettre tous les ingrédients dans un grand saladier.
3. Préparez la vinaigrette avec l'huile du pot de feta.

Salade d'épinards au parmesan

Préparation : 10 min   **Portions : 4 pers**

INGRÉDIENTS

- 10 tomates cerise
- 100 g de Parmesan frais
- 1 citron
- 2 c.à.s d'huile d'olive
- 2 c.à.s d'huile de colza
- poivre
- sel
- 200 g d'épinards
- 4 tranches d'ananas

PRÉPARATION

1. Après avoir choisi les feuilles d'épinards les plus tendres et les plus légères, égrappez-les et lavez-les.
2. Préparez la sauce en mélangeant le sel, le poivre, les deux huiles et le jus de citron. Coupez les tomates cerises en deux, ajoutez l'ananas coupé en petits morceaux, les feuilles d'épinards égouttées puis les copeaux de parmesan coupés au couteau de cuisine. Mélangez le tout et servez.

Salade trois couleurs (pomme, tomate et concombre)

Préparation : 15 min   *Portions : 4 saladiers*

INGRÉDIENTS

- 8 pommes
- 8 tomates
- 400 g de lardons de saumon fumé
- 4 concombres
- mayonnaise
- soja

PRÉPARATION

1. Pelez et coupez le concombre en demi-tranches très fines. Mélanger avec du gros sel.
2. Pelez et hachez les pommes. Mettez-les dans le saladier avec environ une cuillère à soupe de mayonnaise.
3. Ajouter le saumon et les tomates coupées en petits cubes.
4. Pressez le concombre en veillant à enlever le sel et mettez-le dans le saladier.
5. Ajouter un trait de sauce soja. Mettre au réfrigérateur.

Méli-mélo de melon, mozzarella et avocat

Préparation : 20 min

Portions : 4 pers

INGRÉDIENTS

Pour la sauce :

- poivre
- sel
- tomates cerise (facultatif)
- sésame
- 6 c.à.s d'huile d'olive
- poivre
- sel
- 1 melon bien mûr
- 1 avocat
- mozzarella (achetée en petites boules)
- olives noires
- 1 citron vert
- Fines herbes aneth, ciboulette, persil plat, cerfeuil..

PRÉPARATION

1. Préparez des petits plats individuels.
2. Façonner le melon et l'avocat en boules avec un mélangeur à melon.
3. Disposez-les bien sur les assiettes avec les billes de mozzarella.
4. Parsemez d'olives noires dénoyautées, coupées en fines lamelles.
5. Assaisonner en mélangeant au préalable les ingrédients de la sauce.
6. Saupoudrer de graines de sésame.
7. En option, vous pouvez ajouter quelques tomates cerises ou disposer les boules sur une chiffonnade de salade (coupée en lamelles).

Chou rouge aux grains d'anis vert

Préparation : 15 min

Portions : 4 pers

INGRÉDIENTS

- 2/3 c.à.s d'anis vert
- 1/3 chou rouge
- 2.5 c.à.s de vinaigrette (au vinaigre balsamique)
- 2.5 c.à.s de raisin de Corinthe (ramollis dans de l'eau bien chaude)

PRÉPARATION

1. Hacher le chou rouge. Ajouter la vinaigrette, les graines d'anis vert et les raisins de Corinthe.
2. Mélange.
3. Laisser mariner avant de servir.

Salade de gambas fruitées, sauce curry

Préparation : 15 min

Cuisson : 10 min

Portions : 4 pers

INGRÉDIENTS

- 400 g de pâtes "orecchiettes"
- 30 cl de crème fraîche
- 2 c.à.c rase de curry
- 8 brins d'aneth
- 2 c.à.s d'huile
- poivre
- sel
- 8 nectarines
- 20 gambas
- 2 c.à.c de moutarde à l'ancienne

PRÉPARATION

1. Cuire les pâtes dans une casserole et faire dorer les crevettes dans une poêle avec un peu d'huile.
2. Une fois les pâtes cuites, égouttez-les et mélangez immédiatement avec l'huile dans un bol.
3. Ajouter le mélange "crème fraîche, moutarde, curry, aneth, sel et poivre" aux pâtes. Mélanger.
4. Lavez, épluchez et coupez les nectarines en petits cubes et ajoutez-les à la préparation précédente.
5. Disposez les gambas sur la préparation (auparavant elles peuvent être flambées au whisky).
6. Dégustez bien chaud.

Salade exotique Marylène

Préparation : 30 min   Portions : 4 pers

INGRÉDIENTS

- 2 carottes
- sel
- 2/3 mangue (mi- mûre)
- 1/4 papaye (mi mure)
- 1/3 concombre
- 2/3 boîte de lait de coco
- 2/3 combava
- 4.5 tomates confites à l'huile

PRÉPARATION

1. Coupez de préférence à la mandoline ou au couteau de cuisine tous les fruits et légumes (sauf les tomates confites), en tranches très fines. Râpez la peau du combawa. légèrement salé.
2. Verser le lait de coco et réfrigérer.
3. Hacher les tomates confites et les saupoudrer sur la salade au dernier moment.

Salade de pâtes thon et pesto

Préparation : 15 min

Cuisson : 12 min

Portions : 4 pers

INGRÉDIENTS

- 2 c.à.s de pesto (fait maison ou acheté tout prêt)
- poivre du moulin
- sel
- 333.5 g de tortils vertes et rouges (aux légumes)
- 133.5 g de thon en boîte au naturel
- basilic frais

PRÉPARATION

1. Pendant que les pâtes cuisent dans de l'eau bouillante salée, mélanger le thon avec le pesto dans un grand bol au goût.
2. Lorsque les pâtes sont cuites al dente, passez-les sous l'eau froide pour arrêter la cuisson puis mélangez-les bien avec le mélange de thon. Servir froid.

Salade piémontaise de nath

Préparation : 20 min

Cuisson : 10 min

Portions : 4 pers

INGRÉDIENTS

Pour la sauce :
- 1 c.à.c de vinaigre de vin
- 2 c.à.s de mayonnaise
- 2 c.à.s de crème liquide
- 5 pommes de terre charlotte
- 1 tomate
- 1 c.à.s de persil haché
- poivre
- sel
- 2 oeufs
- 1 petite boîte de maïs
- 200 g de blanc de poulet cuit
- 10 cornichons

PRÉPARATION

1. Cuire vos pommes de terre à l'autocuiseur pendant 8 à 9 minutes et laisser refroidir.
2. Pendant que les pommes de terre cuisent, faites cuire les œufs pendant 10 minutes. Égouttez le maïs, videz les graines des tomates et déchiquetez la viande en petits cubes, coupez la poitrine de poulet en dés (pour la poitrine de poulet, prenez un poulet entier acheté cuit ou cuit par vous-même beaucoup plus savoureux) puis coupez les pommes de terre en dés, mettez-les dans un saladier, mettre dessus les tomates, le maïs, le poulet, les œufs préalablement coupés en morceaux, les cornichons coupés en rondelles et le persil haché, sel et poivre du moulin.
3. Préparez la sauce en mélangeant la mayonnaise, la crème et le vinaigre. Mettez le tout sur la salade et mélangez bien.
4. Laisser refroidir au moins une heure.

Coleslaw

Préparation : 30 min

Portions : 4 pers

INGRÉDIENTS

- 2.5 carottes
- 1 oignon
- 1.5 c.à.s de raisins secs de corinthe
- 1.5 c.à.s de pignons de pin grillés
- 1 c.à.s d'aneth (lyophilisé ou en branches coupées très finement)
- poivre
- sel
- 1/2 chou blanc
- 125 g de mayonnaise allégée (+/- selon le goût de chacun, il vaut mieux - que +)

PRÉPARATION

Pendant que vous hachez, placez les ingrédients dans un très grand bol.

Hachez le chou avec le robot culinaire côté 'coupe-concombre', vérifiez que les lanières de chou sont finement hachées, sinon terminez aux ciseaux, c'est rapide et important.

Râpez les carottes. Hacher les oignons à la main.

Faire griller à sec (légèrement) les pignons de pin dans une poêle en remuant et en surveillant attentivement.

Ajouter l'aneth, sel, poivre, mayonnaise, puis mélanger le tout (avec les mains, c'est l'idéal !).

A partir de cette base, vous pouvez varier avec du poulet, du haddock, de l'ananas ou de la pomme, selon votre imagination... Personnellement, quand j'en ai, j'ajoute du sésame grillé.

Salade au raisin et roquefort

Préparation : 15 min

Cuisson : 02 min

Portions : 4 pers

INGRÉDIENTS

- 10 brins de persil plat ou de coriandre selon le goût
- 1 c.à.s de vinaigre de vin
- 1 c.à.s d'huile d'arachide
- poivre du moulin
- sel
- 1 laitue feuille de chêne
- 2 petites grappes de raisin (blanc et noir)
- 100 g de roquefort
- 4 tranches de jambon cru
- 1 c.à.s d'huile de noisette

PRÉPARATION

1. Laver la laitue et centrifuger. Éraflez les raisins puis lavez-les. Passez les brins de persil sous l'eau, puis essuyez-les. Émietter le Roquefort.
2. Préparez la vinaigrette. Dans un grand bol, mélanger le vinaigre de vin avec le poivre moulu, le sel et les huiles d'arachide et de noisette.
3. Couper les fines tranches de jambon en quatre ou cinq lanières.
4. Faire chauffer une poêle antiadhésive sans matière grasse. Faire dorer rapidement les lamelles de jambon en les retournant. Les déposer sur du papier absorbant pour les égoutter.
5. Ajouter les brins de laitue et de persil dans le saladier et mélanger.
6. Sans attendre, répartissez la salade dans les assiettes, ajoutez les raisins, le Roquefort émietté et les copeaux de jambon doré. Servir rapidement.

Salade lentilles coriandre et cardamome de Jeanne

Préparation : 20 min

Portions : 4 pers

Cuisson : 15 min

INGRÉDIENTS

- 1 oignon ou d petits
- 1 bouquet de coriandre fraîche
- 1 c.à.c de cardamome verte
- 1 filet de vinaigre balsamique
- 1 filet d'huile d'olive
- 500 g de lentilles

PRÉPARATION

1. Cassez les graines de cardamome et mettez-les dans une grande casserole d'eau. Faites-y cuire les lentilles en veillant à ce qu'elles ne se transforment pas en bouillie : elles doivent être fermes. Je vous rappelle que nous préparons une salade, pas une soupe !
2. Pendant ce temps, hacher l'oignon.
3. Égouttez les lentilles et laissez-les refroidir légèrement.
4. Mélangez ensuite les lentilles avec l'oignon.
5. Assaisonner avec de l'huile d'olive et du vinaigre balsamique au goût.
6. Salez et poivrez et mettez au frais une bonne heure. A deux c'est mieux.
7. Juste avant de servir, saupoudrer de coriandre.

Salade aux aubergines confites

Préparation : 30 min   **Portions : 4 pers**

INGRÉDIENTS

- 1 aubergine
- 3 tomates
- 12 feuilles de basilic
- 1 gousse d'ail
- huile d'olive
- sel de Guérande, poivre
- 4 tranches de jambon cru (de type Serrano)
- 125 g de mozzarella

PRÉPARATION

1. Couper l'aubergine en tranches d'environ ½ cm d'épaisseur.
2. Faire chauffer 3 cuillères à soupe d'huile d'olive dans une poêle à feu assez vif. Ajouter la gousse d'ail coupée en deux, saler, poivrer. Faire revenir les aubergines quelques minutes en vérifiant qu'elles ne brunissent pas trop.
3. Baissez le feu, ajoutez un peu d'eau et couvrez la casserole pour les confire.
4. Lorsque les aubergines sont bien conservées (mais pas bouillies !), retirez-les du feu et laissez refroidir.
5. Tranchez les tomates et étalez-les sur une assiette. Assaisonner d'huile d'olive, de sel de Guérande, de poivre et de basilic ciselé.
6. Coupez la mozzarella en tranches et placez-les sur les tomates. Coupez le jambon en lanières et disposez-les dessus.
7. Disposer les tranches d'aubergine sur la dernière couche.
8. Réfrigérer environ 2 heures et servir frais.

Salade de pamplemousse et d'avocat et sauce mandarine

Préparation : 45 min

Portions : 4 pers

INGRÉDIENTS	PRÉPARATION

Pour 120 ml de sauce à la mandarine :

- 1.5 c.à.s de miel
- 2 c.à.s d'huile de tournesol
- 1.5 c.à.s de jus de citron
- 2⁄3 c.à.s de mandarine finement râpée
- 80 ml de mandarine fraîchement pressé
- 1.5 c.à.s d'amandes effilées grillées
- 1.5 pamplemousse roses
- 1.5 avocat bien mûrs

1. Préparez d'abord la sauce mandarine :
2. Après avoir préparé les jus et le zeste, mélangez le miel et le zeste de mandarine dans un bol, puis incorporez délicatement le jus de mandarine et de citron. Versez ensuite l'huile.
3. Utilisez-le en quelques minutes ou mettez-le dans un bocal. Il se conserve environ 2 semaines.
4. Suivant :
5. Pelez les pamplemousses en enlevant la pellicule blanche et coupez-les en morceaux. Pelez, dénoyautez et coupez les avocats en morceaux. Mélanger les morceaux d'avocat et de pamplemousse dans un saladier.
6. Faire griller les amandes et les déposer sur la salade.
7. Verser la sauce mandarine et servir.

Chapitre 2
Plat
Principal

Salade de gésiers gourmande

Préparation : 30 min
Cuisson : 15 min

Portions : 4 pers

INGRÉDIENTS

- 8 pommes de terre moyennes cuites avec leur peau
- 300 g de champignon de Paris
- vinaigre balsamique
- huile
- poivre
- sel
- 600 g de gésiers (1 boîte)
- salade mélangée
- 8 figues sèches
- 2 oignons rouges
- 2 sachets de croûtons

PRÉPARATION

1. Lavez et épluchez les champignons. Faites-les sauter dans une poêle sans matière grasse.
2. Épluchez les pommes de terre et coupez-les en cubes. Ajoutez-les aux champignons. Cuire les gésiers au micro-ondes, au bain-marie ou à la poêle.
3. Couper les figues en petits morceaux et l'oignon en rondelles.
4. Dans des assiettes de service, disposer la laitue, les champignons et les pommes de terre, les oignons, les croûtons, les figues et les gésiers.
5. Au moment de servir, arroser de vinaigrette.

Pâtes au pesto en salade

Préparation : 20 min

Cuisson : 10 min

Portions : 4 **pers**

INGRÉDIENTS

- 2 tomates
- 1/2 pot de pesto
- 10 cl de jus de citron
- 4 c.à.s de fromage blanc
- 400 g de torsades
- 1 boule de mozzarella
- 2 tranches de jambon cru

PRÉPARATION

1. Faites cuire les pâtes 'al dente', puis rafraîchissez-les sous l'eau froide dans votre passoire.
2. Couper les tomates, la mozzarella et le jambon.
3. Préparez la vinaigrette en mélangeant le pesto, le jus de citron et le fromage blanc (si possible dans un mélangeur à vinaigrette).
4. Mélanger tous les ingrédients et la vinaigrette. En option, vous pouvez ajouter des croûtons à l'ail.
5. Servir très frais.

Salade de pâtes à l'italienne

Préparation : 15 min

Cuisson : 10 min

Portions : 4 pers

INGRÉDIENTS

- 6 tomates cerise
- 12 feuilles de basilic
- citron
- 6 c.à.s d'huile d'olive
- poivre
- sel
- 250 g de papillons
- 1 melon
- 150 g de mozzarella ou de feta
- 4 fines tranches de jambon de Parme
- 12 olives noires

PRÉPARATION

1. Cuire les pâtes pendant 8 à 10 minutes.
2. Coupez le melon en deux et coupez la pulpe en boules à l'aide d'une cuillère.
3. Couper les tomates cerises en deux, la mozzarella en cubes et le jambon en lanières.
4. Dans un bol, mélanger le jus de citron et l'huile d'olive. Sel et poivre. Ajouter 6 feuilles de basilic hachées.
5. Égoutter les pâtes. Passez-les rapidement sous l'eau froide puis versez-les dans le saladier. Mélanger. Ajouter les boules de melon, les tomates cerises, la mozzarella, le prosciutto et les olives.
6. Parsemer du reste de basilic.
7. Servir frais, mais surtout pas trop froid !

Salade César à la Brutus

Préparation : 15 min

Portions : 4 pers

INGRÉDIENTS

Pour la vinaigrette :

- 1 c.à.c de sel
- 2 gousses d'ail hachées finement
- 2 c.à.s de vin rouge sec
- 1 c.à.c de sucre
- 1 c.à.s de moutarde de Dijon
- 1 c.à.s de jus de citron
- 25 cl d'huile d'olive
- 1 pincée de poivre
- 1 goutte de sauce worcestershire
- 2 jaunes d'œuf
- 100 g de Parmesan
- 2 romaines lavées, essorées et déchiquetées
- 60 g de bacon cuit haché
- 8 anchois (facultatif)
- 100 g de croûtons

PRÉPARATION

1. Placer la laitue dans un grand bol et juste avant de servir, ajouter la vinaigrette et bien mélanger. Ajouter le parmesan, les croûtons, les anchois ou le bacon et mélanger.
2. Vinaigrette:
3. À l'aide d'une fourchette, mélanger tous les ingrédients sauf l'huile. Arroser d'huile et mixer à grande vitesse au batteur pour obtenir une sauce crémeuse. Servir.

Salade fraiche d'été au melon

Préparation : 10 min

INGRÉDIENTS

- 10 tomates cerise
- huile d'olive
- 1 citron
- poivre
- sel
- 2 melons
- salade type 'mesclun' (2 sachets) ou 1 laitue
- 1 barquette de feta
- 1 gros bouquet de basilic frais

PRÉPARATION

1. Dans un saladier, mettre la salade (lavée, égouttée et coupée en petits morceaux, si c'est de la laitue fraîche).
2. Émietter le fromage feta sur le dessus, puis garnir de tomates cerises coupées en 2.
3. Faire des boules de melon avec une cuillère et les déposer sur la salade.
4. Ajouter le gros bouquet de basilic haché, saler et poivrer et réfrigérer jusqu'au moment de servir.
5. Au dernier moment, ajouter la vinaigrette à base d'huile d'olive et de citron. Mélangez et dégustez !

Salade Strasbourgeoise de Nadine

Préparation : 1 h 10 min

Cuisson : 25 min

Portions : 4 pers

INGRÉDIENTS

- 1 kg de pomme de terre fermes
- 1 c.à.s de vinaigre
- 1 c.à.s de crème fraîche
- 1 c.à.s de moutarde
- origan pour parfumer
- poivre
- sel
- 150 g de cornichons
- 1/2 c.à.s d'olives vertes
- 3 saucisses de Strasbourg
- 2 cuillères de mayonnaise
- 1/2 échalote hachée

PRÉPARATION

1. Cuire les pommes de terre à l'eau (35 min) ou à la vapeur (20 à 25 min). Laissez-les refroidir et écalez-les. Coupez-les en morceaux.
2. Pocher les saucisses 5 minutes dans de l'eau bouillante ou 15 secondes à puissance maximale au micro-ondes dans son contenant.
3. Coupez les saucisses, les olives vertes et les cornichons en rondelles, ajoutez-les aux pommes de terre.
4. Saler, poivrer et verser le vinaigre. Mélanger et laisser reposer 5 à 10 minutes.
5. Pendant ce temps, mélanger la mayonnaise, la crème, la moutarde, l'origan et l'échalote hachée, et verser cette sauce sur les pommes de terre.
6. Mélangez délicatement.
7. Reste un peu cool.

Salade Marco Polo

Préparation : 15 min

Cuisson : 12 min

Portions : 4 pers

INGRÉDIENTS

- 100 g de tagliatelles
- poivre
- sel
- 10 crabes
- 133.5 g de crevette rose
- 100 g de gruyère
- 2/3 poivron vert (1/3)
- 2 c.à.s de mayonnaise

PRÉPARATION

1. Cuire les tagliatelles, les égoutter et les refroidir aussitôt sous l'eau froide (cela évitera aussi qu'elles ne collent trop).
2. Dans un grand saladier, mélanger les tagliatelles et la mayonnaise.
3. Décortiquez les crevettes, coupez les bâtonnets de crabe en morceaux et coupez le gruyère et le poivre en dés. Ajouter tous ces ingrédients aux tagliatelles.
4. Bien mélanger, saler, poivrer. Servir frais.

Salade Alsacienne

Préparation : 20 min   **Portions : 4 pers**

INGRÉDIENTS

- 2 tomates moyennes
- 200 g d'emmental en dés
- 400 g de pomme de terre à chair ferme (ratte, charlotte...)
- 1 oignon
- persil
- 1 laitue ou autre salade tendre
- 6 tranches de jambon blanc
- 4 saucisses de Strasbourg
- 4 oeufs durs
- vinaigrette

PRÉPARATION

1. Laver la laitue en laissant les feuilles entières.
2. Couper le jambon et l'emmental en cubes. Couper les œufs et les tomates en quartiers.
3. Faites cuire les pommes de terre à la vapeur, épluchez-les et coupez-les en tranches.
4. Disposer sur 4 grandes assiettes : un lit de laitue sur les bords, puis les pommes de terre encore chaudes.
5. Continuer avec le jambon, l'emmental, les saucisses tranchées (préalablement préchauffées)
6. Garnir de quartiers de tomates et d'œufs, de quelques rondelles d'oignon, puis arroser de vinaigrette.
7. sers immédiatement

Salade chaude aux gésiers

Préparation : 15 min
Cuisson : 20 min

Portions : 4 pers

INGRÉDIENTS

- 8 pommes de terre
- 2 oignons
- 300 g de gésier de volaille
- 2 échalotes
- 2 salades vertes
- croûtons

PRÉPARATION

1. Épluchez les pommes de terre et faites-les bouillir. Pendant ce temps, hachez finement l'oignon et l'échalote que vous faites ensuite revenir dans une poêle avec une cuillère à soupe d'huile d'olive.
2. Une fois les pommes de terre cuites, coupez-les en lanières ou en cubes. Faites-les également dorer à la poêle pour qu'ils soient croustillants.
3. Préparez votre salade verte : lavez-la et rincez-la, puis séparez-la en feuilles que vous disposerez sur un lit dans vos 2 assiettes. Arrosez-les ensuite de vinaigre balsamique.
4. Ajoutez dessus vos pommes de terre grelots, puis les gésiers (que vous aurez réchauffés au bain-marie ou à la poêle).
5. Il ne reste que la petite touche finale : les petits croûtons à croquer sous la dent...

Salade de pâtes colorée

Préparation : 15 min

Cuisson : 10 min

Portions : 4 pers

INGRÉDIENTS

- 333.5 g de pâtes colorées
- 2.5 tranches de dinde fumée
- 2/3 poivron rouge et un poivron vert
- 2/3 oignon rouge
- 2/3 bouquet de ciboulette
- vinaigrette légère

PRÉPARATION

1. Faites cuire les pâtes et passez-les sous l'eau froide pour les refroidir.
2. Hacher les poivrons et l'oignon rouge.
3. Couper la dinde en petits morceaux.
4. Mélanger le tout avec les oignons nouveaux et la vinaigrette.

Salade de pâtes aux tomates cerises, basilic et parmesan

Préparation : 10 min

Cuisson : 08 min

Portions : 4 pers

INGRÉDIENTS

- 2/3 barquette de tomates cerise
- huile d'olive
- 2/3 bol de Parmesan frais râpé (ou plus selon goût)
- poivre
- sel
- 1.5 gousse d'ail
- torsades
- basilic frais ciselé (un bon bouquet) ou éventuellement, basilic surgelé

PRÉPARATION

1. Faites cuire les pâtes, égouttez-les puis passez-les sous l'eau froide pour éviter qu'elles ne collent.
2. Couper les tomates cerises en deux. Mélanger les pâtes refroidies, les tomates cerises, le basilic et le parmesan dans un saladier.
3. Assaisonner avec de l'huile d'olive, du sel et du poivre au goût et les deux gousses d'ail écrasées.

Salade de riz à l'indienne

Préparation : 20 min

Cuisson : 15 min

Portions : 4 pers

INGRÉDIENTS

- Pour la sauce :
- 6 c.à.s d'huile d'olive
- 2 c.à.s de moutarde
- 4 c.à.s de légumes ou de sauce Picallily
- 6 échalotes
- 400 g de riz
- 4 c.à.c de curry
- 4 tomates
- olives
- câpres
- 2 petites boîtes de thon au naturel
- 4 oeufs durs

PRÉPARATION

1. A préparer la veille.
2. Cuire les œufs et le riz créole avec la poudre de curry, il ne doit pas être très collant, égoutter et réserver jusqu'à complet refroidissement (c'est assez de temps). Hacher finement les échalotes. Mélanger tous les ingrédients de la sauce, cela doit donner une sauce assez épaisse. Assaisonner au goût, vous pouvez ajouter un peu de vinaigre.
3. Coupez les œufs durs et les tomates en rondelles, mélangez bien tous les ingrédients.
4. C'est encore meilleur après quelques heures au frais.

Salade de lentilles froide aux lardons

Préparation : 15 min

Cuisson : 10 min

Portions : 4 pers

INGRÉDIENTS

- 1 oignon
- 1 botte de persil
- huile
- moutarde
- vinaigre
- poivre
- 400 g de lentilles cuites
- 250 g de lardons fumés
- 3 oeufs durs

PRÉPARATION

1. Faire dorer les lardons dans une poêle avec un peu de beurre, réserver.
2. Dans un grand saladier, faire une bonne sauce moutarde bien relevée (huile-moutarde-vinaigre-poivre), ajouter l'oignon haché et le persil haché (réserver 1 cuillère à soupe).
3. Ouvrir les boites de lentilles, les égoutter et les verser dans le saladier.
4. Mélanger. Ajouter le bacon. Mélangez à nouveau.
5. Écalez les œufs durs et coupez-les en tranches. Décorez le dessus des lentilles avec ces tranches et le reste de persil haché.

Salade mâche, chèvre frais, noix et fruits rouges

Préparation : 10 min

Portions : 4 pers

INGRÉDIENTS

- 100 g de cerneau de noix
- 2 c.à.s d'huile d'olive
- 2 c.à.s de miel
- 1 c.à.c de moutarde
- 1 c.à.s de vinaigre de cidre ou vinaigre de framboises
- sel
- poivre
- 500 g de mâche
- 200 g de chèvre frais
- 100 g de framboises
- 100 g de myrtilles

PRÉPARATION

1. Trier et laver la mâche. Sécher et dresser sur des assiettes.
2. Lavez et essuyez les fruits rouges, ajoutez-les à la salade.
3. Couper le fromage de chèvre frais en tranches et dresser sur des assiettes.
4. Ajouter les cerneaux de noix.
5. Préparez la vinaigrette : émulsionnez ensemble l'huile d'olive, le vinaigre, la moutarde et le miel. Saler et poivrer.
6. Ajouter la vinaigrette au moment de servir.

Salade au camembert

Préparation : 15 min

Cuisson : 15 min

Portions : 4 **pers**

INGRÉDIENTS

- 200 g de lardons
- 300 g de carotte et de chou blanc râpés
- 24 tomates cerise
- 2 pommes
- noix
- poivre du moulin
- sel
- 2 camemberts de 250 g
- 100 g de roquette
- 24 framboises
- croûtons
- vinaigrette à la moutarde et au miel
- poivre de Cayenne

PRÉPARATION

1. Couper le camembert en deux, saupoudrer chaque part d'un peu de piment de Cayenne. On met au four préchauffé à 180°C jusqu'à ce qu'il coule.
2. Pendant ce temps, sortez deux assiettes. Préparez un lit de laitue (carottes et chou blanc), puis la roquette. Ensuite, vous pouvez griller le bacon.
3. Placer maintenant les croûtons, les tomates cerises, les tranches de noix et les framboises. Couper la pomme et la disposer sur la salade. Assaisonner avec la vinaigrette.
4. Ajouter les lardons et le camembert fluide.
5. Dégustez immédiatement avec un petit morceau de pain frais.

Salade exotique au filet mignon

Préparation : 40 min

Cuisson : 10 min

Portions : 4 pers

INGRÉDIENTS

- 2 oranges
- 5 c.à.s d'huile
- 3 c.à.c de miel
- 2 branches de basilic
- 2 c.à.s d'amandes effilées
- poivre
- sel
- 350 g de filet mignon
- 3 avocats
- 50 g d'épinards jeunes
- 2 citrons verts
- 2 mangues
- 4 échalotes
- 2 c.à.s de soja
- 2 c.à.s de vinaigre de xérès

PRÉPARATION

1. Couper le filet mignon en bâtonnets, dresser dans une assiette avec le miel, la sauce soja, le jus de citron vert et le vinaigre. Salez, poivrez et mélangez. Laisser mariner 20 min. Lavez les oranges. Ensuite, coupez-en un et demi en tranches. Pressez la moitié restante.

2. Lavez les épinards, épluchez les mangues et coupez la viande en dés. Pelez et émincez les échalotes.

3. Égoutter les morceaux de filet mignon, puis les faire revenir dans 2 cuillères à soupe d'huile chaude (ou sans matière grasse si vous avez une bonne poêle) pendant 2 minutes. Ajouter la marinade et réduire en remuant. Laisser refroidir.

4. Couper 2 avocats en dés. Arrosez avec le jus des oranges et le jus du dernier citron vert. Mélanger le reste d'huile avec le jus d'orange, saler, poivrer. Dans un saladier, mélanger le bœuf, les mangues, les échalotes, les épinards et les avocats. Arroser de sauce à l'orange et mélanger.

5. Confectionner les plats : décorer de tranches d'orange, d'amandes grillées et de feuilles de basilic.

Salade de pâtes au chèvre

Préparation : 30 min

Cuisson : 15 min

Portions : 4 pers

INGRÉDIENTS

- 3 tomates
- 1 bouquet de basilic
- 1 citron
- huile d'olive
- poivre et sel
- 400 g de farfalle
- 4 chèvres fraîches

PRÉPARATION

1. Cuire les pâtes. Passez-les sous l'eau froide et égouttez-les.
2. Cassez les enfants en morceaux. Laisser fondre le fromage de chèvre sur les pâtes chaudes, laver et couper les tomates en petits dés. Ajoutez-les aux pâtes.
3. Préparez la sauce avec l'huile d'olive, le jus de citron, le poivre, le sel et le basilic ciselé. Verser la sauce sur les pâtes et mélanger. Servir froid.

Salade tiède de pâtes (Italie du Nord)

Préparation : 20 min
Cuisson : 10 min

Portions : 4 pers

INGRÉDIENTS

- 2.5 tomates
- 1.5 gousse d'ail
- poivre
- sel
- huile d'olive
- 666.5 g de penne
- de mozzarella
- 1.5 petite boîte de mascarpone (ou un peu moins, soit environ 250 g)
- 8 feuilles de basilic frais

PRÉPARATION

1. Cuire les pâtes selon les instructions du fabricant.
2. Pendant ce temps, épépinez les tomates et coupez-les en cubes. Pelez l'ail et hachez-le finement. Disposez l'ail et les tomates dans une grande assiette. Ajouter le basilic, les boules de mozzarella coupées en morceaux, le sel, le poivre, l'huile d'olive (au goût). Mélangez le tout.
3. Une fois les pâtes cuites, ajoutez-les au mélange. Ajouter le Mascarpone et mélanger (la mozzarella doit fondre à la chaleur des pâtes). Vérifiez l'assaisonnement.

Salade de pâtes aux fruits de mer

Préparation : 10 min

Cuisson : 10 min

Portions : 4 pers

INGRÉDIENTS

Pour la sauce:

- 5 c.à.s d'huile
- 2 c.à.s d'huile d'olive
- citron
- 1 c.à.s de moutarde
- 1/2 c.à.c de paprika
- ciboulette
- 250 g de pâtes
- fruit de mer surgelé

PRÉPARATION

1. Cuire les pâtes 'al dente' et réserver, décongeler les coquillages au micro-ondes.
2. Mélanger tous les ingrédients de la sauce dans un bol.
3. Mélanger le tout dans un bol et mettre au frais pendant une heure. Avant de servir, décorez d'aneth.

Salade de pommes de terre et saumon

Préparation : 15 min

Cuisson : 11 min

Portions : 4 pers

INGRÉDIENTS

- 5.5 pommes de terre moyennes
- 2.5 tranches de saumon fumé
- 2/3 boîte de crabe de bonne qualité
- 2/3 pot d'œuf de lump noir ou rouge
- 1.5 avocat mûrs à point
- 1.5 échalote
- vinaigrette avec huile olive, vinaigre de vin, sel poivre

PRÉPARATION

1. Cuire les pommes de terre à l'eau ou au micro-ondes (verser de l'eau salée au fond du plat et couvrir d'un film transparent perforé à 1 ou 2 endroits) en veillant à ce qu'elles soient fermes (puissance micro-ondes 900 w, temps de cuisson env. 11 min).

2. Il a une belle présentation sur une assiette à rebords. Une fois cuites, couper les pommes de terre en gros cubes et les répartir au fond du plat. Ils doivent être encore chauds; recouvrir d'une couche d'échalotes et de dés de crabe, puis d'avocat coupé en petits morceaux.

3. Couper les tranches de saumon en 2 ou 3 et les répartir sur le reste. Enfin, répartissez les œufs en morceaux. Verser sur la vinaigrette et servir chaud.

Salade de pommes de terre au Comté et aux noix

Préparation : 15 min

Portions : 4 pers

Cuisson : 25 min

INGRÉDIENTS

PRÉPARATION

- 500 g de pomme de terre
- 1 oignon frais
- 50 g de cerneau de noix
- 150 g de comté
- poivre
- sel
- 2 tranches de jambon cru
- 4 c.à.s de vinaigrette

1. Cuire les pommes de terre épluchées dans de l'eau bouillante salée pendant 25 minutes; égouttez-les puis coupez-les en tranches épaisses.
2. Couper également le jambon de Bayonne en lamelles et l'oignon finement.
3. Concassez grossièrement les graines de noix et coupez de fines lanières de Comté.
4. Dans un saladier, mélanger tous ces ingrédients avec la vinaigrette et présenter tel quel ou dans des assiettes.

Salade de riz sauvage au thon

Préparation : 15 min

Cuisson : 15 min

Portions : 4 pers

INGRÉDIENTS

Pour l'assaisonnement :

- 1 petite cuillère de moutarde
- 3 c.à.s de vinaigre balsamique
- ail en poudre
- herbes de Provence
- basilic
- poivre
- sel
- 2 yaourts brassés à 0 % de matière grasse
- aromate
- sauce soja douce (facultatif)
- 1⁄2 oignon
- 2 gousses d'ail
- 4 surimi
- 100 g de riz sauvage (aussi appelé "3 riz")
- 1 grande boîte de thon au naturel
- 1 boîte moyenne de maïs
- 3 cornichons

PRÉPARATION

1. Faites cuire le riz un peu croustillant, égouttez-le et versez-le dans un saladier.
2. Émiettez finement le thon, ajoutez le maïs, hachez finement l'oignon, hachez les gousses d'ail, coupez les cornichons et le surimi en rondelles.
3. Versez le tout dans le saladier.
4. Préparez l'assaisonnement, rectifiez si nécessaire et assaisonnez à votre convenance et mélangez le tout.
5. Il est prêt !

Salade tiède de poulet et mangues marinées

Préparation : 10 min
Cuisson : 05 min

Portions : 4 pers

INGRÉDIENTS

- 2 c.à.s de sucre
- 4 c.à.s d'huile d'olive
- poivre
- sel
- 3 escalopes de poulet
- 1 mangue
- citron vert
- 4 échalotes
- 2 c.à.s de sauce soja japonaise)
- roquette

PRÉPARATION

1. Préparez la marinade : Dans un bol à fond plat, fouettez ensemble l'huile, le shoyu, les échalotes hachées, le jus de citron et le sucre. Saler et poivrer.
2. Allongez les escalopes de poulet et les tranches de mangue épluchées dans cette préparation.
3. Laisser mariner au moins 12 heures.
4. A l'heure du dîner, coupez le poulet en aiguillettes et faites-le revenir à la poêle, sur un fond mariné, jusqu'à ce qu'il prenne une belle couleur caramélisée.
5. Laisser refroidir un instant, le temps de découper les tranches de mangue en gros cubes.
6. Disposer le poulet et la mangue sur un lit de roquette recouvrant chaque assiette. Arroser de marinade.
7. Servir !

Salade des Causses

Préparation : 30 min

Cuisson : 20 min

Portions : 4 pers

INGRÉDIENTS

- 16 tomates cerise
- 20 ml d'olives
- 13.5 ml de vinaigre balsamique
- poivre
- sel
- 200 g de haricots verts
- 200 g de mesclun
- 120 g de roquefort
- 120 g de jambon cru
- 4 oeufs
- 4 tranches de pain de campagne
- 33.5 g de tapenade

PRÉPARATION

1. Faire cuire les haricots verts à la vapeur
2. Laver et égoutter le mesclun et les tomates cerises.
3. Couper le Roquefort en cubes et le jambon en lamelles assez larges
4. Pocher les œufs dans de l'eau bouillante avec du sel et du vinaigre
5. griller le pain
6. Préparation de la sauce :
7. Dans un bol, mettre le vinaigre, le sel, le poivre et la tapenade. Bien mélanger.
8. Ajouter l'huile petit à petit en émulsionnant.
9. Dressage:
10. Disposez la salade, les haricots verts et les tomates coupées en deux sur les assiettes. Saupoudrer de Roquefort haché, ajouter la sauce.
11. Répartir le jambon sur chaque assiette, puis une tranche de pain grillé et enfin l'œuf poché.
12. sers immédiatement

Chapitre 3
Dessert

Sirop parfumé pour salade de fruits

Préparation : 15 min
Cuisson : 10 min

Portions : 1 sirop

INGRÉDIENTS

- 20 morceaux de sucre roux
- 1 bâton de cannelle
- 1 gousse de vanille
- 10 cl d'eau
- 1⁄2 citron vert
- 3 fruits de la passion

PRÉPARATION

1. Dans une petite casserole mettre le sucre, l'eau, la cannelle, la gousse de vanille fendue dans la longueur, le zeste et le jus de citron.
2. Porter à ébullition pendant 2 minutes, puis retirer du feu, couvrir et laisser refroidir pour infuser.
3. Une fois le sirop froid, le passer au travers en grattant bien la gousse de vanille pour récupérer tous les petits grains et ajouter la pulpe de fruit de la passion.
4. Parsemer de votre salade de fruits (jolie salade de fruits exotiques : mangue, grenade, litchis, orange, kiwi, raisin, banane...) et mettre au frais 2 heures.

Salade d'agrumes au miel

Préparation : 15 min   Portions : 4 pers

INGRÉDIENTS

- 2 oranges
- 2 c.à.s de miel
- 2 c.à.c d'eau de fleur d'oranger
- 2 pamplemousses roses
- 4 kiwis

PRÉPARATION

1. Pelez le pamplemousse cru et l'orange. Coupez-les en tranches d'un centimètre d'épaisseur puis en morceaux.
2. Pelez et coupez les deux kiwis.
3. Mélanger et verser l'eau de fleur d'oranger et le miel.
4. Laisser refroidir au moins 30 minutes.
5. Dégustez frais.

Salade de fruit dans une pastèque

Préparation : 30 min   **Portions : 4 pers**

INGRÉDIENTS

- 1.5 pomme
- 2/3 kg de fraises
- 1.5 pêche
- 2/3 pastèque
- 2/3 melon
- 4 feuilles de menthe

PRÉPARATION

1. Videz l'intérieur de la pastèque.
2. Couper l'intérieur en lanières, qui auront été disposées sur une assiette.
3. Décorez la pastèque avec un couteau.
4. Videz, puis coupez le melon.
5. Pelez les pommes et les pêches, coupez-les en lanières. Couper les fraises en deux.
6. Mettez le tout dans la pastèque vide ainsi que les feuilles de menthe.
7. Réfrigérer avant de manger.

Salade de fraises orientale

Préparation : 20 min

Portions : 4 pers

INGRÉDIENTS

- 1 kg de fraises mûres
- 1 sachet de sucre vanillé
- 1 c.à.s de miel
- citron
- 1 cannelle
- 1 c.à.s d'eau de fleur d'oranger
- de menthe

PRÉPARATION

1. Lavez, épluchez et coupez les fraises en deux dans le sens de la longueur. Ajouter le jus de citron et le reste des ingrédients, en ajoutant un peu plus de cassonade au goût.
2. Ajouter quelques feuilles de menthe fraîche ciselées.
3. Bien mélanger le tout.
4. Laisser au réfrigérateur au moins une demi-heure avant de servir, afin que les fraises libèrent leur jus.

Salade aux poires dattes et noix

Préparation : 15 min

Portions : 4 pers

INGRÉDIENTS

- 50 g de noix
- 1 c.à.s de jus de citron
- 1⁄4 c.à.c de sucre
- 8 poires
- 12 dattes

PRÉPARATION

1. Pelez les poires et coupez-les en petits morceaux, coupez les dattes en petits morceaux, passez les noix au mixeur, mixez le tout dans un saladier, ajoutez une cuillère à soupe de jus de citron (pas trop pour que ce ne soit pas trop acide) et ajouter un peu de sucre (selon votre goût). Servir frais.

Salade de fraises à la menthe et aux raisins secs

Préparation : 15 min

Portions : 4 pers

INGRÉDIENTS

- 500 g de fraises
- 100 g de raisins secs
- 1 c.à.s de sucre
- citron
- 3 c.à.s de rhum ambré (facultatif)
- 12 feuilles de menthe

PRÉPARATION

1. La veille, faire macérer les raisins dans un bol avec le rhum et 5 feuilles de menthe ciselées.
2. Le lendemain, lavez, épluchez les fraises et coupez-les en quartiers.
3. Mélanger les fraises avec les raisins égouttés dans un saladier.
4. Ciselez les feuilles de menthe restantes et ajoutez-les au mélange.
5. Ajouter le jus de citron, mélanger et terminer en saupoudrant de la cuillère à soupe de sucre.
6. laisser refroidir 2-3 heures avant de servir.

Salade épicée fraises - mangue

Préparation : 10 min
Cuisson : 01 min

Portions : 4 pers

INGRÉDIENTS

- 1 barquette de fraises
- 1 orange
- poivre
- gingembre en poudre
- cannelle
- vanille (ou sucre vanillé)
- 1 mangue bien mûre
- de menthe

PRÉPARATION

1. Presser l'orange et chauffer le jus en ajoutant le poivre, le gingembre, la cannelle et la vanille.
2. Porter à ébullition 1 min pour obtenir un sirop, laisser refroidir.
3. Pendant que le jus refroidit, coupez les fraises et la mangue en morceaux.
4. Mettre dans un saladier et ajouter la menthe finement ciselée.
5. Lorsque le jus est froid, verser sur les fruits, mélanger et mettre au réfrigérateur au moins 30 minutes...

Salade rafraîchissante aux myrtilles et aux nectarines

Préparation : 10 min

Portions : 4 pers

INGRÉDIENTS

- 2 c.à.s de miel d'acacia
- 2/3 jus de citron vert
- 2/3 c.à.s d'eau de fleur d'oranger
- de basilic
- orange ou des cigarettes russes au citron
- 4 nectarines
- 266.5 g de myrtilles sauvages fraîches

PRÉPARATION

1. Coupez les nectarines en rondelles sans les peler et placez-les dans un saladier. Mélanger le miel d'acacia, le jus de citron vert, l'eau de fleur d'oranger. Répartir ce mélange sur les fruits et mélanger délicatement.
2. Réserver au frais.
3. Juste avant de servir, ajoutez des myrtilles fraîches et mélangez délicatement. Décorer de feuilles de basilic.
4. Servir avec des tuiles orange ou des cigares russes

Soupe de pistaches aux fraises

Préparation : 15 min　　　　　　　*Portions : 4* **pers**

INGRÉDIENTS

- 250 g de fraises fraîches
- 60 g de pistaches décortiquées
- 1.5 c.à.s de miel
- 2 c.à.s de jus de citron
- 1 orange
- 150 g de yaourt nature (soit environ 2 yaourts)
- de menthe fraîche

PRÉPARATION

1. Dans un robot culinaire, mélanger les pistaches, le miel, le jus de citron et le yogourt jusqu'à obtenir une sauce légèrement liquide (il devrait y avoir de très petits morceaux de pistache).
2. Lavez les fraises dans une passoire, épluchez-les. Coupez-les en deux.
3. Mettez-les dans un saladier avec le jus d'orange et la menthe.
4. Réservez au réfrigérateur.
5. En dessert, étaler la sauce pistache au fond des 4 assiettes à dessert. Disposer les fraises au milieu.
6. Garnir de feuilles de menthe.
7. L'accord des couleurs est assuré ainsi que celui des saveurs.
8. Dessert frais et léger.

Salade d'agrumes à la gelée d'earl grey

Préparation : 15 min

Portions : 4 pers

Cuisson : 20 min

INGRÉDIENTS

PRÉPARATION

Pour les agrumes :

- 4 oranges
- 1 pomelo chinois
- 8 clémentines
- de menthe pour la déco

Pour la gelée :

- 1 l d'eau
- 600 g de sucre en poudre
- 2 c.à.s de thé earl grey
- 1 sachet de vitpris (gélifiant / pectine)

1. LA VEILLE (ou même 2 ou 3 jours avant) :
2. Préparation de la gélatine :
3. Faire bouillir l'eau et infuser le thé pendant une bonne dizaine de minutes. Le thé doit être très fort.
4. Filtre.
5. Remettre le thé dans une casserole avec l'enveloppe Vitpris et la moitié de la sucette, porter à ébullition 3 minutes.
6. Ajouter le reste du sucre et remettre à bouillir pendant 5 à 15 minutes en vérifiant régulièrement si la gélatine durcit en versant une goutte sur une assiette froide. Si la goutte gèle rapidement, elle est prise. Le temps de cuisson est assez difficile à évaluer, il est donc important de vérifier régulièrement avec le test de chute.
7. Mettez la gelée encore bouillante dans des bocaux, retournez-les et attendez qu'ils refroidissent. Il semble liquide au début mais en quelques heures il se gélifie.
8. LE MÊME JOUR :
9. Pelez les oranges et les agrumes. Séparez-les en quartiers et mettez-les dans une passoire pour qu'il ne reste plus de jus. livre sympa
10. AU SERVICE :
11. Mélanger la gélatine avec les segments d'agrumes, disposer dans des moules individuels et décorer de feuilles de menthe.

Salade de fruits à la betterave

Préparation : 10 min   **Portions : 4 pers**

INGRÉDIENTS

- 3 ou 4 betteraves cuites
- 2 ou 3 bananes selon la taille des bananes
- 2 c. à soupe de grains de grenade
- le jus de 2 oranges Thomson
- sucre selon le goût de chacun

PRÉPARATION

1. Râpez les betteraves et coupez-les, comme les bananes, en petits cubes.
2. Dans un saladier, versez les dés de betteraves, les dés de bananes, ajoutez les graines de grenade, le sucre et ajoutez le jus d'orange.
3. Mélanger et réfrigérer 30 min.
4. Servir dans des moules.

Salade de fruits à la Danette

Préparation : 15 min   *Portions : 2* **pers**

INGRÉDIENTS

- 2 Danette à la vanille
- 4 fraises
- 1 fruit du dragon (facultatif)
- 1 boîte d'ananas au sirop ou un ananas frais
- 1 orange ou 1 pamplemousse (selon la saison)
- 1 sachet de sucre vanillé

PRÉPARATION

1. Répartir les Danette dans des bols ou des tasses et réfrigérer.
2. Laver et couper tous les fruits. Prélevez la pulpe du fruit du dragon, épluchez les fraises, égouttez ou épluchez l'ananas.
3. Épluchez l'orange ou le pamplemousse cru au-dessus d'un bol pour recueillir le jus.
4. Coupez tous les fruits en dés et placez-les dans le récipient avec le jus. Ajouter le sachet de sucre vanillé et mélanger. livre sympa
5. Au moment de servir, étalez les fruits sur la Danette et dégustez !

Salade de fruits à la Chantilly en bocal

Préparation : 15 min   *Portions : 4* **pers**

INGRÉDIENTS

- 100 g de fraises
- 100 g de myrtilles fraîches ou surgelées
- 1 orange
- ½ ananas
- 4 kiwis
- 50 g de sucre roux
- 4 c. à soupe de chantilly (ou une bombe toute prête)

PRÉPARATION

1. Lavez les fruits. Épluchez les fraises, épluchez l'ananas, l'orange et les kiwis. Couper tous les fruits en petits cubes.
2. Étalez les fraises au fond des bocaux, puis saupoudrez de sucre. Garnir d'une couche d'oranges, d'ananas, de kiwi et de myrtilles, en saupoudrant de sucre entre chaque couche.
3. Fermez les bocaux et gardez-les au frais.
4. Au moment de servir, garnir de crème fouettée.

Salade de fruits à la grenadine

Préparation : 15 min   **Portions : 4 pers**

| INGRÉDIENTS | PRÉPARATION |

INGRÉDIENTS

- 2 bananes
- ½ ananas
- 1 mangue mûre
- 1 grenade
- 2 kiwis
- 1 orange
- 8 cl de sirop de grenadine
- 50 g de sucre en poudre
- 50 cl d'eau

PRÉPARATION

1. Lavez tous les fruits, épluchez-les et coupez-les en cubes. Prenez les graines de la grenade.
2. Mélanger le sirop, le sucre et l'eau dans un bol. Verser les fruits et la menthe, puis réfrigérer pendant 2 heures.
3. Égouttez les fruits et servez-les frais !

Salade de fruits relevée au rhum

Préparation : 15 min

Portions : 6 pers

INGRÉDIENTS

- 2 mangues
- 2 kiwis
- 2 avocats
- 2 grenades
- 100 g de sucre
- 1 petit verre de rhum
- 1 citron
- noix de coco râpée

PRÉPARATION

1. Pelez les mangues, les kiwis et les avocats. Couper la viande en tranches.
2. Ouvrez les grenades et retirez les graines rouges comestibles.
3. Dans un saladier, verser les fruits, saupoudrer de sucre, puis mouiller avec le rhum et arroser de jus de citron.
4. Mettre au réfrigérateur et laisser mariner 1 heure.
5. Au moment de servir, saupoudrer de noix de coco râpée.

Salade de fruits poêlée au Carré Frais

Préparation : 15 min

Portions : 4 pers

INGRÉDIENTS

- 50 grammes de Carré Frais
- 1 banane
- 1 pomme
- 1 poire
- 2 kiwis
- 1 orange
- 1 mangue
- 20 grammes de beurre
- Le jus d'1/4 de citron
- 2 c. à soupe de cassonade

PRÉPARATION

1. Pelez tous les fruits et coupez-les en cubes de même taille.
2. Réservez le kiwi à part car il ne cuit pas ; il sera simplement ajouté en fin de cuisson à l'ensemble.
3. Dans une poêle, faire fondre le beurre à feu moyen.
4. Déposer tous les morceaux de fruits dessus et saupoudrer de cassonade.
5. Laisser caraméliser à feu moyen.
6. Déglacer avec le jus de citron après 5 minutes de cuisson.

Salade de fruits aux corn-flakes

Préparation : 10 min   *Portions : 4* **pers**

INGRÉDIENTS

- 1 banane
- 1 pomme
- 2 kiwis
- 10 fraises
- 1 orange
- 1 poignée de myrtilles
- 1 grosse poignée de corn-flakes
- jus de citron
- sucre

PRÉPARATION

1. Pelez et coupez la banane en tranches.
2. Nettoyez, coupez, évidez et hachez la pomme.
3. Pelez et coupez les kiwis en tranches.
4. Nettoyez, épluchez et coupez les fraises en morceaux.
5. Pelez, enlevez les peaux blanches et séparez les quartiers de l'orange.
6. Nettoyez et épongez les myrtilles.
7. Mélanger tous les fruits avec un peu de jus de citron et le sucre dans un saladier.
8. Réserver au frais jusqu'au service.
9. Ajouter les cornflakes justes avant de déguster.

Salade de riz aux fruits frais

Préparation : 20 min
Cuisson : 25 min

Portions : 4 pers

INGRÉDIENTS

- 60 g de riz basmati (ou restes de riz)
- 3 nectarines
- 150 g de groseille
- 10 cl de crème fraîche liquide
- 5 c. à soupe de miel liquide
- 20 g d'amandes effilées
- 2 sachets de sucre vanillé
- 2 petites branches de menthe fraîche

PRÉPARATION

1. Faire bouillir une grande quantité d'eau très légèrement salée, verser le riz basmati sous la pluie, cuire à feu doux pendant 20 minutes. Puis égouttez très soigneusement.
2. Lavez et séchez les nectarines, ôtez les pépins, coupez la pulpe en petits cubes. Laver et égrainer les groseilles, les équeuter. Faire griller les amandes effilées dans une poêle sans ajouter de matière grasse.
3. Dans le fond d'un saladier, mélangez la crème fraîche liquide avec le miel et le sucre vanillé. Ajouter les nectarines hachées, les raisins de Corinthe, les amandes grillées et le riz à la fin. Bien mélanger et réserver au frais.
4. Placer la préparation dans des petits moules et verser quelques groseilles dessus.
5. Servir.

Salade d'agrumes à la menthe

Préparation : 15 min

Cuisson : 05 min

INGRÉDIENTS

- 6 oranges
- 3 clémentines
- 6 pamplemousses
- menthe fraîche
- 5 c. à soupe de sucre
- eau

PRÉPARATION

1. Épluchez les oranges et les pamplemousses crus en coupant la peau aux deux extrémités, puis posez le fruit à plat sur un côté, à l'aide du couteau, épluchez le fruit cru jusqu'à la pulpe de haut en bas. Retirez toute peau blanche qui pourrait rester.
2. Prenez le fruit dans votre main et détaillez les suprêmes entre chaque intervalle.
3. Pelez et coupez les clémentines en quartiers.
4. Mettez les fruits dans un saladier.
5. Mettez le jus dans une casserole, ajoutez le sucre et la menthe fraîche.
6. Faire bouillir 5 minutes et filtrer.
7. Une fois le jus refroidi, versez-le sur les agrumes.
8. Conserver au réfrigérateur et servir frais.

Printed by Amazon Italia Logistica S.r.l.
Torrazza Piemonte (TO), Italy

50949545R00065